生活勵志
011

# 為什麼事情總是一團糟

## Why Everything is Such a Mess?

排行榜暢銷書作家

何權峰 著

高寶國際有限公司
高寶國際集團

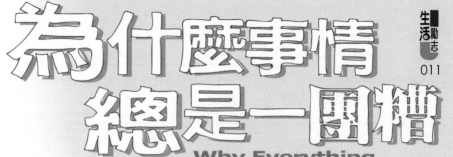

生活勵志 011

# 為什麼事情總是一團糟

作　　者　何權峰
編　　輯　黃詩媛
校　　對　黃詩媛　曾俊達
出 版 者　英屬維京群島商高寶國際有限公司台灣分公司
Global Group Holdings, Ltd.
聯絡地址　台北市內湖區新明路174巷15號10樓
網　　址　www.sitak.com.tw
電　　話　(02) 27911197　27918621
電　　傳　出版部 (02) 27955824　行銷部 (02) 27955825
郵政劃撥　19394552
戶　　名　英屬維京群島商高寶國際有限公司台灣分公司
出版日期　2003年5月第1版第1刷
發　　行　希代書版集團發行

香港總經銷　全力圖書有限公司
地　　址　香港新界葵涌打磚坪街58-76號和豐工業中心1樓8室
電　　話　(852) 2494-7282　傳真　(852) 2494-7609



Printed in Taiwan
ISBN:986-7799-14-3

用爛泥蓋房子，

到頭來還是一堆爛泥。

——何振峰

CONTENT



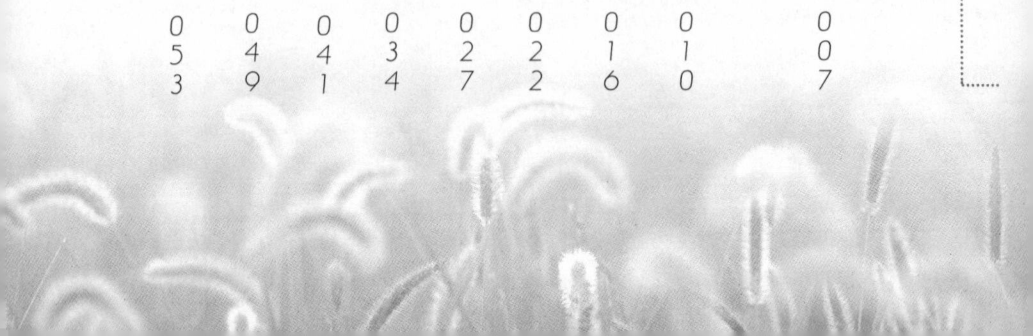

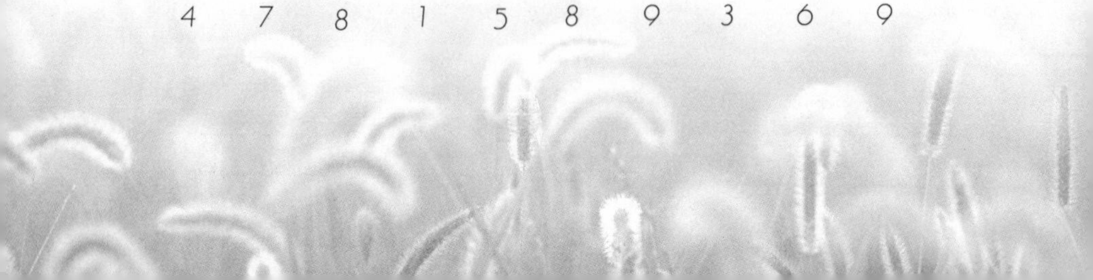

〈自序〉

# 爛泥

用爛泥蓋房子，到頭來還是一堆爛泥。

何權峰

說再多沒有用的話，說了還不如不說。因為，用爛泥蓋房子，到頭來還是一堆爛泥。

做再多沒有用的事，做了還不如不做。因為，用爛泥蓋房子，到頭來還是一堆爛泥。

想再多沒有用的事，想了還不如不想。因為，用爛泥蓋房子，到頭來還是一堆爛泥。

如果你的想法是錯的，那你的作法怎麼可能是對的；如果你的作法是錯的，不管你怎麼說也不可能變成對的；如果你是不對的，那不論你去做什麼都將是錯的——透過你，事情只會變得更加糟而已。

因為，用爛泥蓋房子，到頭來還是一堆爛泥。

黑暗無法帶給黑暗中的人光亮，只會陷入更深的黑暗。

# 他又怎麼可能會變好呢？

有人悲慘你也跟著悲慘，只會創造出更多的悲慘；
黑暗無法帶給黑暗中的人光亮，只會陷入更深的黑暗。

在醫院，我發現來探病的親友中，很少有人能透過歡笑帶給病人更多正面的鼓勵。一般探訪者出現在病房時，手裡總是拿著一些病人不太能吃的食品，然後坐上半個鐘頭，繃著臉說著一些沒有建設性的傷心事以及陰沉的閒聊。怪不得通常訪客離開時，病人總是更為沮喪與不安。

**你自己是不是也很消沉？**

幾天前，我在病房外聽到兩個太太在談話，其中一個年紀很輕，另一個比較年長。

聽她們談話的語氣，是剛認識的。

年輕的太太：「我正要去看他，醫院說他的病情很不穩定，而且人很消沉。」

年長的太太：「你就這樣愁眉苦臉的去看他？」

年輕的太太有點驚訝：「是啊！看到他這樣，我的心情又怎麼可能會好呢？」

年長的太太停了一會兒說：「你說他很消沉，為什麼他會消沉？你自己是不是也很消沉？」

「嗯！」

「你的心情全寫在臉上，就像現在這樣，而你怎麼能期望他的心情和病情會變好呢？」

年輕的太太聽了愣了一下：「我不知道該怎麼辦？我真的很擔心他，可是又不知道該怎麼幫助他……」

「開朗一點！」年長的太太握著她的手說：「從現在開始，你要振作起來，盡可能保持快樂，並把這種好的心情帶給他，讓他也跟著好起來。」

年輕的太太聽了，終於露出笑容連聲說：「謝謝你！」然後轉身走進病房……

**悲慘只會創造出更多的悲慘**

身陷痛苦的人是悲慘的，但你不需要因此而感到悲傷。原因很簡單，因為你變得悲傷，你只會創造出更多的悲傷，你的加入只會讓痛苦的人更加悲慘。那是於事無補的。

這就好像有人生病，你也跟著生病，你的生病將不會讓病人變得健康，反而會為病人帶來更多的痛苦；有人發生不幸，你若坐在一旁哭泣，你的哭泣是完全幫不上忙，只會讓整個情況顯得更糟；有人快死了而你在哭，那也只會為那個快要走的人帶來不安，他甚至不能無牽無掛平靜的離去。

黑暗無法帶給黑暗中的人光亮，只會陷入更深的黑暗。罹患重病已經夠糟了，如果人們總是把重心擺在那上頭，他們又怎麼可能會變好呢？

蘭姆·黛斯(Ram Dass)寫過一本書《待磨的穀子》（Grist for the Mill），是描述一位生了四位子女，最後死於癌症的年輕女人的故事。

那位年輕的女子在參加一次研討會時，詢問與會的人說：「假如你去醫院探望一位二十八歲的母親，她罹患癌症就要死了，你的心裡會有什麼感覺？」

聽眾提了一大堆答案，有的說是驚恐、挫折、憤怒，有的則說是哀傷、同情、心情錯亂等等。

然後她接著問：「如果你是那位二十八歲的母親，每一位去探望你的都懷著這樣的情緒，你會有什麼感覺？」

慈悲並不是要你跟著悲苦的人一起悲傷痛苦，關心也不是要我們關起心門，那是不對的！

我們必須先讓自己開朗起來，快樂起來，讓身在寒冬的人也能聞到春天的氣息，給身在陰雨的人帶來彩虹，幫助那個身在暗夜的人找到星光，那才對！

試問，如果你因他而變得不好，那你又如何期待他會因你而變得更好？

# 為什麼這種事會發生在我身上？

幸福往往是當你失去後，
人們總要等到失去了，才會懂！
才會體會到原來你曾經擁有的境地。

每當生活出了差錯，你就問為什麼；每當你很喜樂，你從來不問為什麼。如果你在受苦，你就會質疑：為什麼是我？為什麼我會遇到這種事？但是你很快樂，一切都很美好的時候，你會去問為什麼是我？我為什麼會遇到這種事？會嗎？

你曾經問過自己為什麼會如此快樂嗎？

你曾經質疑過為什麼周遭有這麼多美好的事物嗎？不，當一切都平安順利是那麼的理所當然，人們從來不會為美好、喜樂、平安、健康、和諧問為什麼，但是如果事情不對勁，如果事與願違，如果不期望的事發生在你身上時，你的疑惑便會升起，你就會問為什麼？

「為什麼這種事會發生在我身上？」每當遭遇逆境的時候人們總是這麼問。這即是為什麼你總是將所有不好的事情都解讀為個人的不幸，從而產生受害的感覺。

## 為何偏偏是我？

人生有得有失，有好有壞，有晴有雨，老天不會挖空心思來討好你，也不會刻意找你麻煩。即使災難發生在你身上，通常也不是針對你。就像颱風，它摧殘樹木、拉倒電線、帶來水患、土石流，甚至傷害人們。這本來就是大自然的現象，然而站在你的立場，你卻希望颱風就算損壞了別人的房子，也不要損壞你的房子，這時如果你的房子受損，你當然會覺得為什麼自己那麼不幸，為什麼這種事會發生在你身上？

在與重病的人閒談中，我發現幾乎所有的病患都有相同的疑問：「為何偏偏是我？竟在此時得此病？」「我的孩子還小，事業也正要起步！」但不幸的，他們卻在此時，砰然撞上了苦難。

事實上，世上所有的人都在問相同的問題，只是他們個個均處於生命中不同的階段。為什麼就在我正蓄勢待發之際？為何偏偏在我毫無準備之時？為何偏偏在我剛退休之際？……

時機或許不同，但人們的質疑卻總是千篇一律。生命中似乎沒有任何人，任何時機，適合發生任何不幸。

我們總以為擁有健康的身體、親人的關愛、豐裕的生活、平順的一天，是正常的，是應該的。以致一旦災難降臨，我們總是報怨上天不公平，竟然如此對待我們。

## 失去後你才會體會到

然而，我們都錯了！不公平的並非生命本身，而是我們錯看了它。其實，就在此時，當你正讀著書本的這一刻，有人正發生意外，有人正在急診，有人剛剛分手，有人剛診斷出癌症，也就在這一刻，有人離開了人世。

幸福往往是當你失去後，才會體會到原來你曾經擁有的境地。我們都有過一種經驗，就是在失去某些原以為理所當然的幸福之後，反而會心存感激，並懂得珍惜。

例如，驚惶失措地發現孩子走失，而在幾小時後，孩子幸運平安歸來；伴侶出了車禍，幸好只是皮肉傷；胸前的腫塊經過進一步檢驗，還好不是惡性腫瘤，於是你心中充滿感恩。

其實，不管是健康的身體、平安的一家人、平順的一天——這一切的美好，不都是你原來就擁有的嗎？

那為什麼你不覺得自己幸福？為什麼不懂得去珍惜與感恩？又為什麼非得失去或太遲了，你才問為什麼？

就像輪子陷於泥沼，愈去踩油門，車輪就陷得愈深。

# 愈去踩油門，車輪就陷得愈深

我們的遭遇不會使我們的心情低落，我們的想法才會。你的想法就是那個難題，就是最大的障礙。

許多人之所以在遇到困難障礙之後，常會陷入不斷地苦思，只因為大家誤以為想久了就會「想通」。

其實呢？你的想法就是那個難題，就是最大的障礙。原因是：當你陷入困局時，情緒就會低落，低落的心情就會引發負面的想法，因而看到的都只會是否定、消極的。

就像輪子陷於泥沼，愈去踩油門，車輪就陷得愈深。當你想得愈多，就愈不可自拔。因為你的感覺是來自你的想法，假使你試圖以想法讓自己脫離消沉的狀態，這將會使你陷得更深。因為情緒低落時，只會讓你想到一些鬱悶不樂的事而已，因而你的感覺更低落，這又讓你想到更多否定消極的想法，這即是為什麼你總是「想不通」的原因。

## 就像在傷口上倒鹽

套句知名足球教練文斯．隆巴弟的話：「只因為你在做一件錯事，所以即使更認真地去做也不會使這件事變對。」在意志消沉時仍不停地去想，或是不停地去煩惱那些讓你意志消沉的問題，正如在一道傷口上倒鹽一樣，只會加倍你的痛苦和麻煩，一點幫助都沒有。

那難道說我們要放任問題不管？

不，不去關注問題，並不是否認問題的存在，如果問題是真的，那麼當你情緒好轉時它必然還在，對嗎？不同的是，那時你將會更有能力去解決。

想想，如果在你心情好的時候都無法解決的問題，又怎麼可能期待在心情不好的時候得到解決呢？

假如你曾經消沉過，我想你一定也聽過無數次來自好心人的建議，要你多往好處想，要你想開一點、要你樂觀積極些。但是有用嗎？問題並不是發生在他們身上所以別人很難了解，一個失意的人根本不可能肯定或積極地思考，怎麼可能呢？你也知道要往好的方面想，但就是做不到，對嗎？負面的想法就像陽光下的影子揮也揮不去。

**是你自己不斷地去想**

那是因為我們對自己的想法太過熟悉，也對遭遇的痛苦太過認同，以致沒有意識到，其實所有的不愉快都是我們「自找的」。

我們會直接認定「我會惱怒是『因為』那個人或那件事」、「我會痛苦是『因為』這個問題或那個麻煩」……等等，然而這雖是事實，但並非真實。

沒錯，也許你的遭遇真的很「悲慘」，你感到挫折、受傷、氣得要命，這些感覺都是千真萬確。但是你有沒有想過，那個人和那件事都已成了「過去」，你之所以沉陷其中，真正的原因是「你自己」不斷地去想，不是嗎？雖然事情已過，但你的心卻沒有離開那個人和那件事，因此你還陷在那裡。

同樣的，你因為那個問題或那個麻煩而痛苦，那也是因為你不斷去想它們，否則問題和麻煩也沒有讓你少一塊肉，你的痛和苦又從何而來呢？是你的想法，對嗎？

一旦你領悟了這層道理，一旦你明白你猛踩油門正是讓自己愈陷愈深的原因，你應該知道要怎麼做了吧！要記住，想法本身沒有自己的生命，除非你的認同給它養分，除非你一直去滋養它，否則它是無法存在的。

# 洗掉除污劑所留下的污點

想解開纏繞在一起的絲線，是不能用力去拉的，
你愈去拉，只會纏得愈緊。

有個人，手總是不由自主的發抖，當他吃東西、喝飲料的時候，都會弄髒衣服，所以他的每一件衣服上面都沾有各式各樣的污點。

朋友告訴他：「你怎麼不去找從事化學工作的人？他們應該會有法子可以洗掉這些污點。」

於是他就去找，一個星期過去，朋友再見到他時發現他的衣服比之前更髒，不由得納悶地問：「怎麼回事？你沒有去嗎？」

他說：「有啊！我有去了，他們給我一種化學藥劑效果很好，所有的污垢都沒了，我現在需要的是找到另一種方法，來洗掉那些藥劑所留下的污點。」

經常，當我們試著去解決某些問題的時候，往往會製造出另一堆問題。

比方說，夏天天氣悶熱，大家都開冷氣，把熱氣排到室外，使得室外的溫度不斷升高，產生「都市熱島」效應，然後，大家需要更大、更強的冷氣，於是就這樣惡性循環下去。

抗生素可以幫人殺死病菌，但是廣泛的使用，反而製造出更難對付的病菌，於是我們就需要更多、更強的抗生素。

## 殺蟲反而製造更多的蟲

殺蟲劑愈有效，眾人用得愈多愈廣，抗藥的基因就愈發展。由於早期DDT（殺蟲劑）的大量使用，現今很多農場、果樹和森林裡的昆蟲已不怕DDT了。更麻煩的是，殺蟲劑消滅了大量的寄生蟲，更使得毛毛蟲沒有剋星，只好任由毛毛蟲橫行。殺蟲的結果，反而製造出更多的蟲。

我們也可以看到許多人怕錢不夠、怕負擔不起，所以拚命賺錢，然而錢賺得愈多，就必須去賺更多的錢來支付更多的開銷，也必須花更多時間去管理金錢和投資。

需求愈多，欲求就愈大；欲求愈大，需求就更多。因而原本希望能多賺點錢來改善生活的，反而因錢帶來的問題，承受更大的負擔，日子反而過得更糟。

再來，你有沒有注意到，當你去想某個困擾或難題時，往往愈想就愈煩，愈煩就想不出該怎麼辦。道理很簡單，如果你的想法是對的，那你又怎麼會陷入這個困局呢？你又怎麼會陷入不斷地苦思呢？

反之，如果你的想法是錯的，那麼你又怎麼可能從錯誤的想法得到正確的答案呢？你愈費心去想，就只會愈纏繞在自己的想法中，不是嗎？

想解開纏繞在一起的絲線，是不能用力去拉的，你愈去拉，只會纏得愈緊，解決問題也是一樣。一個問題的答案，絕不會出自有問題的那個人，所以當人們去思考自己的問題時，愈是努力，就只會製造更多的問題，愈去想，就只會製造更多的煩惱。

失眠的人睡不著覺，因為他們擔心睡不著，所以努力的想睡著，而他們之所以睡不著，正是因為他們擔心太多，想太多以致睡不著。

## 解決問題反而製造更多的問題

有位失眠的患者跑去找心理醫師，希望能獲得解決之道。

「那沒什麼。」醫生說，「你是做羊毛生意的，應該知道綿羊吧？你只要一上床，就開始數綿羊，從一開始數，繼續數下去，慢慢地你就會睡著了。」

隔天，那個患者非常生氣地衝進醫師的診療室，那位心理醫師驚訝地問道：「到底怎麼回事呢？」

那位患者說：「在使用你的方法之前，我至少還可以睡兩、三個小時，但是昨天晚上，我根本睡不著。因為我一直在算，算了成千上萬隻羊，然後我想，那也不是辦法，所以我開始剪下牠們的毛。一堆又一堆的毛。然後又想，這些羊毛該怎麼處理？所以我開始拿起那些羊毛來做地毯，那是我的本行，現在已經累積有一萬件的毛毯。」

他接著說：「但是，我快被逼瘋了，現在我的腦子裡有上萬件的毛毯，然而景氣又很差，很難找到買主……」

可不是嗎？當我們試著去解決某個問題的時候，經常會製造另一堆問題。

那難道說，我們什麼都不能做？不，當然不是。而是我們做任何事情應該順其自然，不要太過強求，這即是「無為」的智慧。

沒有人會在不斷被傳達壞的訊息之後，變得更好。

# 責罵永遠是錯的

你原以為會罵他，講他全都是「為他好」，
但是你注意到嗎？
為什麼他不但沒變好，
反而會變得愈來愈不好？

朋友的太太向我訴苦，說孩子不讀書，整天遊手好閒，不聽管教，不管他們夫妻怎麼責罵都沒有用。

她非常憂心地問：「我該怎麼辦？」

我告訴她說：「你用罵的，當然沒用。沒有人會在不斷被傳達壞的訊息之後，變得更好。」

「那難不成要說他好？」

「沒錯，」我說：「你們應該引導出他好的一面，而不是壞的一面。只有正面的肯定才能帶出正面的行為，負面的批評是無法帶出正面品質的。」

## 否定的責罵無法帶出肯定的行為

人們往往誤以為「基於好意才責罵」，卻不知他們的「好意」不但否定了對方的好，反而激發出人們壞的一面。

「既然你說我很壞，我就壞給你看！」當你一直灌輸某人他很壞的想法，他又怎麼可能好起來呢？

你不斷在河裡倒垃圾，卻期望河水會清澈，可能嗎？

責罵是沒有用的，如果有用的話，那些喜歡發牢騷、碎碎唸的人不早就可以高枕無憂了？就像我們也常看到一些人經常嘀咕先生、太太、孩子，結果有用嗎？

一點都沒用，對吧？你有見過被人罵沒用而變得更有用的人嗎？有聽過說被說的一文不值反而變得更有價值嗎？那是少之又少的，你越責備別人，別人就只會表現越差，這是個事實。

比方說你每天喊一個小孩「強強」，他就會知道「我就是強強」；你喊他「笨蛋」，他也會知道「我就是笨蛋」。不管你說他是「傻瓜」、「白痴」、「懶蟲」、「壞東西」這些話都會形成他的「自我概念」，不管你告訴孩子什麼，當他一遍又一遍被灌輸，到後來也就根深蒂固地認為：「我就是這樣的人。」

## 我就是這樣的人

當這個從小被罵笨蛋的強強上學後，很自然會認為自己書一定會讀的不好，因為他覺得自己就是個笨蛋。

這使得他越來越不想努力，結果功課果然不好，便更加證明他笨，接下來情況當然也就越來越糟了。以後他不論找工作、交朋友、選擇對象，他都是「很糟的」，因為他認為自己是個很糟的人。

你原以為會罵他，講他全都是「為他好」，但是你注意到了嗎？你想過了嗎？為什麼他不但沒變好，反而變得越來越糟？

當我們以負面的態度對人，人們就會回以負面的行為；當我們不把人當人看，人們就會做出一些野獸般的行為。責罵不但無法改善問題，它還是許多問題的根源。

大文豪哥德說的對，當我們依據一個人現階段的表現來看待他時，我們使他變得比實際情況更糟。當我們把他當成有潛力的人物看待時，他將會成為我們所期待的樣子。

### 用蜂蜜比用醋可以抓更多的蜜蜂

是人都會犯錯，犯錯是完全合乎人性的。如果你夠了解人性，你夠成熟，你就會去包容，你就會了解說你也曾經是無知的，你也曾經是愚蠢的，你也曾經一再犯錯。

而那時你是多麼希望有人支持你、關心你，引導你，對嗎？所以如果別人還在犯錯，不要有任何譴責，要帶著高度的愛，幫助他們敞開自己，唯有當他們願意敞開自己，願意接受你、認同你，光亮才可能進入，改變才有可能。

還記得伊索寓言中那個「北風」（North Wind）的故事：北風和太陽爭論誰的力量大。風說：「你看下面那個穿著厚外套的人嗎？讓我們來看看，誰能讓那個人脫掉外套，誰就贏了！」

於是太陽躲到雲後面去，讓風吹起一陣狂風。但是，風愈是吹得厲害，那個人就把自己裹得更緊。

最後，風只好認輸了。接著太陽從雲後面出來，對著那個人展露笑容。沒過多久，那個人就汗流浹背，很快就把外套脫了。

這個故事寓意了「溫暖的關懷」永遠比「粗暴的力量」來得有效。

套句魏斯特（Owen Wister）的話：「使我變得還不錯的，並不是教育和祈禱，而是一兩個人硬是相信我不錯，而我又很不願意讓他們失望。」

要記住，吸引蝴蝶飛來的，是花蜜而非芒刺；用蜂蜜要比用醋可以抓到更多的蜜蜂。

# 你愈用力，反彈就愈大

他們很用力推，但牛卻不動如山；
他們愈用力，牛的腳就愈堅定不動。

給年輕人一些忠告，叫他們不要去做對他們不好的事，是成年人常犯的錯誤。

原因是這樣，如果你告訴他：「不要做這個！不要做那個！」那麼在他們的內心就會有很大的欲望升起，他們就會想要去做那個你交代不能做的事。因為他會覺得自己一直被控制，他會覺得自我被打擊，他會想說：「我就是我自己，憑什麼要聽你的。」

於是他會去抗爭，他會想：「你叫我不要做，我就偏要做！」唯有透過抗爭他才能證明自己，這即是為什麼年輕人總是叛逆，為什麼他們老愛反其道而行的原因。

## 阻力反而產生更大的吸引力

當你去告訴一個孩子說不要去做，等於是製造誘惑，你等於是誘使他去做，你的阻力反而對他產生更大的吸引力。

我聽說有個男孩，深愛著一個女孩，但是女孩的父親不喜歡他，同時不准他們倆繼續相愛下去。

但這個男孩並不死心，他想寫一封情書給這女孩，又怕女孩的父親先過目，於是他寫了一封情書：

我所說過，我對妳真摯的愛，

已消逝，我發現我對妳的討厭，
一天深似一天，當我見到妳，
我甚至不喜歡，妳默默的注視，
我想做的事，就是
把眼睛看往別處，我從不打算
和妳結婚，我們上次的談話，
實在很無聊而不能
使我熱切的希望再度見到妳。
妳總是只想到自己，
如果我們結了婚，我知道自己會感到

生活乏味，而不是覺得
和妳生活在一起是很愉快的，我有一顆心
要付出，但不是
獻給妳，沒有人比妳更
貪心和自私，更不
能照顧我，幫助我。
我衷心的希望妳能了解
我所說的全是實話，妳將幫我一個大忙。
如果妳把這封信當做結束，別試圖
回覆這封信，因妳充滿了

使我不感興趣的事，妳從不
對我真誠的關懷，再見了相信我吧！
我是不在乎妳的，請妳不要再認為，
我仍舊是愛妳的朋友。

女孩的父親看完這封信，就覺得很放心，於是便把信交給了女兒。而這女孩也非常高興，因為她知道男朋友還仍然愛著她。

各位知道她高興的原因嗎？

原來她和男朋友早就約好一種祕密的寫信方法，那便是她只讀信的一、三、五、七……以此類推，直到信的結尾。

## 控制愈多，反抗愈越強

事實上，任何你父母、師長叫你不要去做的事，你都一直在做。特別是那些被「管得很嚴」的孩子，一旦「控制」的人不在旁邊，就完全走了樣。為什麼？因為控制越多，反彈就越大。

這就像拍打皮球，你越用力，反彈就越高。同樣的道理，你對人愈去要求，他的反抗就愈強。

記得心理學家米爾登．艾瑞森（Milton Erickson）有一段童年故事：

他童年是在農場長大，每天都會花許多時間看他父親工作。一天，他父親和一個工人使盡力氣要推一頭母牛進穀倉。他們很用力推，但牛卻不動如山。他們越用力，牛的腳就越堅定不動。

艾瑞森看著他們忙了半晌後，問他父親可不可以試試看。他父親勉強同意。艾瑞森立刻走到母牛後面，很用力地拉牛的尾巴。嚇了一跳的母牛立刻往前衝去——跑進了穀倉。

你現在明白了吧！你愈用力推，反抗力就愈強，對方就愈反其道而行，反之，如果你反其道而行，那麼對方或許還會盡力地往前衝。

你愈去限制它去注意什麼，他反而愈會去注意。

# 不完美的原因

自然就是美，刻意讓某件事完美，
就不再自然，也就不可能是完美的。

有一則著名的禪宗故事——

有一次，一位禪師在畫畫時讓他的大弟子坐在身旁，他要徒弟知道，什麼樣的畫才是最完美的境界。所以，他非常的努力，以求最完美的呈現。

然而，奇怪的是，他愈是努力，他的畫就愈是一團糟。

禪師覺得很不對勁，因為他愈是求好心切，犯下的錯誤就愈來愈多，他不斷地邊畫邊搖頭：「不！這不夠完美。」

他畫了一遍又一遍，直到墨水用完後，禪師說：「你再去準備更多的墨水來吧！」沒想到徒弟出去準備墨水時，禪師畫出了完美的作品。

徒弟回來看到後驚訝地說：「師父，這正是完美的畫作！您是怎麼畫出來的？」

禪師笑了，他說：「我已經知道了，我一直想把它畫得完美所做的努力，正是讓它變得不完美的原因。」

**不自然也就不完美了**

自然就是美，刻意讓某件事完美，就不再自然，也就不可能是完美的。

許多演講過的人都有相同的經驗，當我們過於在意聽眾的反應，諸如「假如聽眾不同意我講的話，該怎麼辦？」、「假如他們反應很差，要怎麼辦？」

愈是想表現出好的一面，就愈容易緊張、害怕，結果表現反而愈糟。

面對相機或攝影機的鏡頭時，我們擔心拍出來的照片看起來不自然，所以常會刻意擺姿勢或故做輕鬆的表情。結果，愈是這麼想，愈是這麼做，就愈不自在，照出的照片也就愈不自然。

參加面試或相親時，大家都希望給對方留下好印象，然而愈是在乎自己形象，就愈難呈現最自然的表現，而無法表現自然，當然就很難給人留下最好的印象。

一旦你想要有「什麼樣」的表現時，刻意的努力即成了障礙，因為你想「表現的樣子」已經取代了你「原來的樣子」，不是嗎?只有不試圖去加深別人對你的印象，最美的表達自然就會出現。

就像那位想在徒弟面前表現完美的禪師一樣，愈是努力，就愈難達到，因為他太求好心切，反而適得其反；後來他不再刻意，反而畫出最完美的畫作。

了解這層道理，我們應該學習把心放下，凡事以平常心看待——無所欲也就無所求；無所求也就無所失；無所失也就無所懼。一旦你能放下對結果的期待，每個結果都將是最好的結果；每個表現也將是最完美的呈現。

# 愈想避免的，就愈難避免

如果有人不斷告訴你，別去想檸檬，
別想檸檬汁酸氣刺鼻的味道，別想那刺激的酸味。
你會不會想著檸檬？

你有沒有注意過我們的腦子有個很奇特的現象——你愈去限制它去注意什麼，它反而愈會去注意。更明白地說，就是你愈是刻意讓自己不要去想的事，你就愈會去想；你愈是不願意去想的人，反而愈常出現在腦中。

比方，你想減肥且決定要開始節食，所以你要自己別去想到吃，但一整天下來你想的最多的就是吃；當有人告訴你，不能吃這個，不能吃那個，然後你就會開始去想：「為什麼我不能吃那些東西。」也許那些東西你平常也未必會吃，但是一旦被限制，它反而會吸引你。

我們總是對那些不該去想的事想的最多；對那些不感興趣的人最感興趣。就像某些人是我們最不喜歡、最不願意去想的人，反而最常出現在你的腦中，這不是對他最感興趣嗎？

## 不該去想的卻想得最多

假設今天你跟同事吵了一架，整個心情大受影響。於是你告訴自己：「我不要再去想了！」、「我才懶得理他！」但是，當你進出辦公室的那一剎那，心裡想的是誰？整天下來最常出現腦海的又是誰？是他，對不對？

經常，某些我們最討厭、最不願意去想的人——如仇人、敵人、分手的情人或傷害你的人，卻反而愈常出現在腦中。對方也許只傷害過你一次，或者這件事也許早已事過境遷，然而我們卻在心中一而再、再而三，反覆地想著，甚至整個思緒都圍繞著那個人。

有一則真實的故事。有位名叫肯特（Immanuel Kantl）的先生，他非常依重他的僕人廉波，沒想到廉波竟偷了他的東西，基於家法他不得不把他解僱。

這件事情讓肯特相當的傷心難過，因為畢竟相處那麼久了，他仍必須請他走路。肯特先生因此在書桌前立了一個大牌子，上面寫著：「我必須忘記廉波」。

結果呢？沒錯，只要這牌子還放在書桌前，他就一天無法忘記廉波。

你可以拿自己做實驗。從現在開始不要去想檸檬，怎麼樣？你的心裡是否浮現檸檬的圖樣或味道。試想，如果有人對你說：「別去想檸檬，別想檸檬汁酸氣撲鼻的味道，別想那刺激的酸味。」如果有人不斷告訴你這些話，你會不會想著檸檬？答案幾乎是肯定的，大部份人都是這樣，當我們告訴自己「別再想某人或某事」，不要想的念頭或影像不但不會消失，反而會增長。

這就是為什麼許多試圖讓自己「往好的方面想」的人，常會驚訝的發現，想擺脫負面思考的努力實際上會使事情變得更糟，他們發覺自己甚至更加被困在他們的負面想法和感受中，而不是減少。

同樣的情形，當我們苦口婆心地勸別人不要去想什麼或不要做什麼，結果通常也是有說等於沒說，甚至比沒說更糟。你會發現那個你勸他「別這麼想」的人，不但沒停止去想，往往比之前還想得更多。

## 絕不能想到變色龍

記得有一則關於煉金術的故事是這樣的——

曾經有個人四處尋求能夠製造純金的方法，後來有位煉金師告訴他，只要加入一些銅、水銀和啤酒，然後把它們混在一起放在火上加熱，大約十分鐘就可大功告成。

但是，唯一要注意的是，煉金師一再叮嚀，記住：「在煉金的時候絕不能想到變色龍這種東西」。天知道這個人在被叮嚀之前，一輩子都沒看過或想過什麼變色龍，但就在被禁止去想之後，在這十分鐘之內，不管他怎麼避免，他腦子裡就一再想到什麼是變色龍。

情況就這樣，你愈想避免就愈難避免。因為你把整個心思都放在這個「想避免」的人或事件上，那你又怎麼可能避免呢？而當你不斷提醒自己說：「我再也不要去想某人或某事」的時候，其實你已經「一再地去想」了，不是嗎？

**隨它去吧！**

事實上，愈想避免的，我們就愈應該把它放下。舉凡你害怕、恐懼或是你所憎恨、厭惡的人或事，都應該從你的心頭放下來。當一切都放下了，當你不再去關注它們，也就等於停止給予這些負面的人事物能量，那麼這些你「想避免」的人或事對你的影響就愈小，也唯有如此你才可能去避免它們。

有位高爾夫球員，擊球時總是將球打入水池裡，所以每次打球，他就不斷修正角度避免球又落入水池；但打出去的球，卻還是掉入水池，教練告訴他：「球既然那麼喜歡水池。就讓它去吧！」

他終於了解到，他愈想讓球遠離水池，球就愈容易掉進水池，把那個念頭忘了，然後朝球道的正中央打去，球反而不會落入水池。

你也了解了嗎？想停止某件事，你要做的就是，忘掉說你想停止這件事，或者是去想其他的事，總之，就是當作「沒這件事」，那就對了！

# 他果然摔下去了

你想什麼想的最頻繁，你就會得到什麼！
如果你一直想著會倒楣，你就會碰上倒楣事。

我覺得人很奇怪，就是常把注意力放在一些不順心的事，卻很少去想順心的事，之後又懷疑自己為什麼總是不順心？腦子裡總是去想一些不想要的事，卻很少去想自己想要的，然後又在抱怨為什麼得到的總是不想要的。

你想什麼想的最頻繁，你就會得到什麼。

這點大家必須記住。根據「吸引法則」——在你心裡最強的念頭，將被吸引到你的生活中，轉化為事實。這也就是為什麼當你把注意放在「不想要」的事物上，而非「想要」的，結果得到的常是不想要的。

比方在課堂上，害怕被點到上台或作答的學生，心裡常會想著：「拜託，千萬不要點到我」。奇怪的是老師恰好就點到你。

你不斷告訴自己，「千萬不能把這個考試或比賽搞砸了」，得到的成績往往就愈不理想；當你愈是全神貫注地想：「我不要生病」、「我不想吵架」、「我不想被騙」、「千萬不要遇到那個人或碰到那件事」——結果那些你最「不想要」的卻總是發生。

## 一切就正如所想

我常引述這則故事——

從前，高空走鋼索的馬戲團表演並沒有張掛安全網。有一位非常著名的走索者藍達，以他步步驚魂的特技，風靡了無數觀眾。

有一天，他家族中的一員，也是走索者，在表演時失足墜死。從此，他心中充滿恐懼，他想到自己雖然技藝高超，但一旦有疏失，也難免落得肝腦塗地的悲慘結局。

不久之後，他果然在一場表演中失足落地，魂歸西天。

這位走索者的妻子說：「在表演前幾個月，他腦中一直想的是他會不會也摔下去。這是他第一次有這種念頭，我覺得，他好像把所有的心思都放在不要摔落，而不是走鋼索。」結果「一切就正如所想」，他果然摔下去了。

當我們一直抱著某些想法，即是「預期會發生什麼」結果也就發生了。

這是很簡單的道理，如果你一直想著會倒楣，你就可能碰上倒楣事，因為你一直想著它，不是嗎？如果你不想要它，那你又為何去想它？

一個選手如果心裡老想著輸，自然無法有最好的表現，結果失分連連也就不足為奇。當你心裡掛記著上一個失分，而無法專注地打下一球時，沒錯，你又丟了一分。接著你開始擔心：「萬一再打不好怎麼辦，那就完了！」結果你又答對了！

擔心會輸，也就是不想輸，對嗎？既然「不想輸」，那你為什麼老是「想著輸」呢？擔心無疑是祈求自己不想得到的東西，這不是很蠢嗎？

## 祈求自己不想要的東西

你知道「想戒菸」的人，為什麼很難戒掉？因為他整個腦子想的都是「不要抽菸」；「想減肥」的人，為什麼減不了肥？因為他想的是「不要肥胖」；

「想有錢」的人，為什麼還是沒錢，也是因為他總是想著「不要沒錢」，卻沒有想過自己會有錢。

試想，如果你怕窮，意念裡卻充滿了窮，又怎麼會有錢？如果你怕老、怕生病，意念裡都是老和疾病，你又怎能不老、不生病呢？如果你老是擔心失敗，其實你自己已經先把自己打敗了，不是嗎？

許多有失敗經驗的人，往往容易再失敗，原因就出在他們把注意力放在「不要失敗」，而不是「要怎樣成功」；把焦點放在「做錯了什麼」，而不是「做什麼才對」，結果又再次犯錯。

在醫院，我常提醒病人：「你要比你生的病重要得多，所以不要老是把心思放在病情上」。與其去想「得了什麼病」，還不如多想「要如何健康」；

與其去擔心「會不會死」，倒不如多想「要怎麼好好的活」。

總之，就是把注意力放在「你想要」的，而不是「你不要」的事物上。

如果你努力了半天，卻仍在原地打轉，那你就得
好好反問自己：「你是不是搞錯了方向？」

# 你是怎麼問自己問題的？

與其追問「為什麼」，不如反問我們現在該「做什麼」；
錯誤的問題是不可能帶來正確的答案。

從早到晚，我們的腦子就一直不停地問自己問題。其實，思考的過程即是一連串的自問自答。問題帶來答案，答案決定思考和行動。因此，如果你覺得自己想法消沉，做事沒勁，通常表示你問錯了問題。

回想一下，你平常是怎麼問自己問題的？當你遇到困難、挫折、低潮的時候，你是怎麼問自己問題？當你跟人出現衝突、不愉快時，你會怎麼問自己？

大部份的人在面對困境和麻煩時，都習

慣問自己這類的問題：「為什麼我會碰到這種事？」、「為什麼我老是犯錯？」、「為什麼別人會這樣對我？」……這些以「為什麼」開頭的問句，常會導致消極、沮喪，使我們的情況變得更糟。

**不要問為什麼**

道理很簡單，當我們問「為什麼」時，注意的焦點即放在問題上，整個思想都圍繞著問題打轉，這麼一來，不但把問題給放大，同時也會阻礙我們解決問題的能力。

問自己哪裡錯了，而不是怎樣才能做對，等於是把注意力放在錯的地方，而非對的地方。這樣的結果又怎麼可能變好呢？錯誤的問題是不可能帶來正確的答案。

納吉伯・曼亞茲說：「從一個人的答案，可以看出他是否聰明。從一個人的問題，則可以看出他是否有智慧。」

如果你問自己一個笨問題，像是「為什麼我老是做錯！」、「為什麼我那麼倒楣？」就會得到一堆蠢答案，比方「因為你能力太差」、「因為你運氣差」、「因為你很笨、你很蠢」——各種蠢答案都會冒出來。

## 要問我能做什麼

真正有智慧的人！他們會用不一樣的問題，比如他們會用「怎麼？」和「什麼？」來問自己——「我怎樣才能改善現況？」、「怎麼做結果才會更好？」或是「我需要做什麼，才能轉變情勢？」這麼一問，很快就能讓你「走對了方向」，讓你振作起來。

我本身就常用這個方法，相當有效。比方前陣子因教師升等的問題，聽到許多耳語，當我問自己：「為什麼有人要破壞我？」情緒就陷入低潮，也不管事情是真是假，心情已大受影響。

然而，當我改口問到：「我要怎麼做才能改變這不利情況？」、「我需要怎麼做，才能讓事情變成我要的樣子？」如此一問，就馬上扭轉困境，而且知道下一步該怎麼做。

當遇到不愉快的事情也是一樣，如果我問自己：「我為什麼會遇到這種事？」那麼心裡就會出現一連串負面的想法，心情也更加惡化。

反之如果我問的是：「我要怎樣改善這種情況？」、「從這件事中我學到了什麼？」焦點就會轉移到解決問題和正面的想法上。

「為什麼？」常把我們弄昏；「做什麼？」卻能把我們弄醒。

所以，與其追問「為什麼」，不如反問我們現在該「做什麼」。沒錯，答案早就在那裡，就看你怎麼問了。

# 你是不是搞錯方向了？

選擇一條路的開始，也就選擇了它的盡頭。
方向錯了，你愈是努力就只會離目標更遠而已。

不知你是否注意過關在屋子的蒼蠅？牠會去尋找光亮，因而不斷往窗戶衝，一次又一次地撞擊玻璃，往往可以撞上個大半天。

你是否也看過有人這樣做呢？他們也在尋找亮光，就像蒼蠅一樣不斷地往窗戶衝，可是這樣做有用嗎？如果你想穿過一扇關閉的窗戶到外面去，不但困難也很愚蠢，為什麼不轉個方向呢？是啊！那隻想飛出屋子的蒼蠅，唯一的機會就是轉個方向，看能不能找到其他出口，而不是死命地往前衝，不是嗎？

同樣的道理，如果你的生活、工作、情感老是撞得「滿頭包」，為什麼不轉個方向？如果你的想法、觀念和作法總是「行不通」，為什麼不轉個方向？如果你的決定、計劃和目標一直「原地打轉」，為什麼不轉個方向？是的，轉個方向重新開始也許很難，但是你如果繼續下去，那將會更難！

因為方向錯了，你愈是努力就只會離目標更遠而已。

**你走對方向了嗎？**

《戰國策》有個故事：

魏國大臣李梁對魏王說：「我來的路上，看見有個人駕車往北走，他說要去楚國。」

我說：「楚國在南方，為什麼往北走？」他說：「我的馬好。」

我說：「馬雖好，可是這不是去楚國的路啊？」他又說：「我的路費多。」

我說：「路費雖多，但是這仍不是去楚國的路啊？」他又說：「我的車夫本領好。」

「其實，方向錯了，這幾個條件愈好，就只會離楚國愈遠。」

讓我這麼說吧！如果你從台中往南開車，不論你開的是最豪華的轎車，或是最快速的跑車，都是無法到達台北的。

當你選擇了一條路的開始，也就選擇了它的盡頭。

我想，每個人在追求人生的道路上，都需要經常停下腳步，回頭檢視一下自己：要確知自己「真正要的」是什麼？而你是否正朝這方向前進？

如果你對某個人、某件事，或是某個遠景、某個目標已經盡心盡力，結果卻不如預期，甚至每況愈下；如果你的付出換來的卻是挫折失望；如果你努力了半天，卻仍在原地打轉，那你就得好好反問自己：「你是不是搞錯了方向？」

# 接下來的屁，我都包了

熱誠令人感動，但是如果過了頭那就不一定了！
對象錯了，你愈熱誠，只會錯的愈厲害。

熱誠令人感動，但是如果熱心過了頭，或是熱心的對象和方向弄錯了呢？那可就不一定了！

話說有位年輕貌美的小姐，某一天同時與三位男士相親，想從中挑選理想丈夫。進餐後不久，這位小姐不小心放了一個屁。

甲先生自告奮勇的說：「不好意思，是我放的，對不起！」甲先生的解危令小姐好不窩心，給甲先生加了不少分數。

不料，過了一會，小姐又放了個屁，這

次換成乙先生不忙不迭地站起來道歉：

「對不起，這次是我放的，請原諒！」小姐又是害羞又是慶幸，也對乙先生另眼相看。

這時丙先生急了，決定無論如何也不能讓他們專美於前。果然快用完餐時，小姐又放了一個響屁，她羞得滿臉通紅。

只見丙先生馬上站起來說道：「對不起，這個屁，還有接下來的屁，我都包了。」

## 好心沒好報

《郁離子》中有一則故事——

南海島上的人有吃蛇的習慣。有一個人要到中原旅行，曬乾蛇肉做成乾糧。到了齊國之後，受到齊國主人盛情招待，為了答謝，他就拿出有斑紋的蛇肉乾做為回報。

主人一看嚇得吐舌而逃。

他不明白怎麼回事，以為人家是嫌他的禮物太微薄，於是吩咐僕人送一條大蟒蛇給齊國主人。

結果呢？當然也是「好心沒好報」了。

回想一下，你是否也有這樣的經驗——你好心幫某人的忙，結果卻幫了倒忙？你盡心盡力，結果卻吃力又不討好？你「搏命演出」，結果卻適得其反，甚至弄巧成拙？

你曾經這樣嗎？比方幫人介紹男女朋友，推薦某個商品、安排聚會、活動、或是勸人加入某個社團、宗教——結果只是自己一頭熱，對方卻興趣缺缺，甚至到頭來還抱怨連連？你以為你在助人，對方卻想揍人，為什麼會這樣？

## 你是不是搞錯對象了？

我聽說有一個老師在課堂上教學生要「日行一善」。過了幾天，他想知道他們有沒有乖乖地聽話，於是他就問第一個學生說：「你做了什麼？講出來給班上的同學聽聽。」

學生說：「老師，我幫助一個老太婆過馬路。」

老師聽了直稱讚：「很好，幫助老人家是值得嘉獎的行為。」

然後他又問了另外一個同學！學生說：「我也幫了一個老太太過馬路。」

老師覺得有點疑惑。

沒想到第三個學生說的也是一樣，這時老師更加納悶了：「這似乎太巧了吧！你們三個怎麼都剛好去幫助老太太呢？」

學生說：「不是啦！並不是三個老太太，而是只有一個。」

「但，」老師說：「這需要用到三個人嗎？」

學生們回答：「沒錯，因為她一直站在路口，所以我們三個人努力拉著她，才幫她過了馬路，只是後來不知怎麼地，老太太變得很生氣！」

早在兩千多年前蘇格拉底就說過：「熱誠令人感動，但對象錯誤，愈熱誠，愈是錯得厲害。」

明白了嗎？如果充滿熱情，別人卻毫不領情；或是你很積極熱忱，別人卻消極冷漠，那你就必須好好想想：「你是不是搞錯了對象，或是找錯了人。」

別忘了，對象錯了，你愈熱誠，只會錯得愈厲害。

如果你把愛貼上了價格標籤，那就不是愛了。

# 愛並沒有錯，
# 錯的是愛錯了方式

如果你對某人沒有任何期望，你怎麼可能恨他？
如果你以無所求的心去愛一個人，
你又怎麼可能生他的氣？

任何一種人際關係都脫離不了「給予」，但隨著然給予之後即是「回報」的問題。不少人之所以否定情感的價值，多半與這種因素有密切關聯。

其中最常見的一種情況就是，人們把得失心放得太重，心中常會盤算自己付出了多少，又從對方那裡回收了多少。以這種做生意買賣的心態抓住算盤，對「以心感心，以情動情」的東西加以量化，必然會產生極大的偏差，這也是許多人感情上由愛生恨的原因。

你愛他，也希望他愛你；如果他竟然不愛你，你就開始恨他。這樣的愛，跟做生意又有什麼不同？

很多失戀的人，之所以苦苦糾纏，只因為自己不甘心。但感情本來就是兩廂情願，如果你把它當成「投資」，當然會覺得血本無歸。只因我對你付出，你就不可以讓我失望，這樣的愛，最是傷人。

受害者常錯把所愛的人當成「商品」，當愛得不到回報，就會認為自己白白犧牲，如此一來，感情也就在計較和怨恨下痛苦收場。

## 真愛不求回報

我們忘了真正給予的意義，我付出關愛，因為我愛你，並不是因為期待回報。若是想要等到對方回報才願意給予，我相信，這是痛苦的給予。如果我們向人道聲「您好」，是期待得到回報，一旦落空，便會抱怨：「早知道就不要跟他打招呼。」那麼你的心意並沒有真正送出，而且最後還會變質。

我們關心某個人，就只是對那個人表達我們對他的感覺而已，而不是想要他覺得你如何如何。所以，在你對他表達之後，這個行為就算是完成了。這點大家必須了解，當你對別人做某件事時，你應當是為了自己內心的反應而做，而不是希望得到對方的某種反應才做。假如你的付出不是心甘情願，或著是帶著有求之心，那你就不應該去做。

今天離婚率之所以不斷高漲，即是有太多的人對婚姻有著過多的期望，他們期待得到回報「因為我愛你，所以你要……」、「你如果真愛我就會……」

・照我的意思去做

・凡事都想到我

・把時間留給我

・跟我的想法一樣

當另一方沒有達到「預設」的回報時，問題就來了。

如果一個人對對方沒有任何期望，不期望任何回報，只是單純的愛，感情又怎麼會有問題呢？如果你對某個人沒有任何期望，你怎麼可能恨他？如果你以無所求的心去愛一個人，你又怎麼可能生他的氣？

所以當我們聽到「我恨你」時，其實對方真正的意思是說：「我這麼愛你，你怎麼能這樣對我？」恨即是得不到「預期回報」的結果，一個你對他沒有任何期望的人，你永遠不可能恨他的。

當我們以自己所謂的愛去愛別人時，我們為何生氣？那個被你所愛的人，為什麼總是讓你氣的最多？因為他（她）沒有順你的意，他沒有符合你的期望，對嗎？你沒有從那人身上得到「想要的」東西，這即是你為什麼會生氣的原因。

## 愛的上面添加了太多東西

愛原來是很美的，但愛一旦附加了條件，就成了一種交易，這讓所有的愛變得醜惡，也讓被愛變得不幸。去看看你的周遭——愛一直都在，父母愛子女、子女也愛父母、先生愛太太、太太也愛先生——每個人都關心著所愛的人，但奇怪的是，被愛的人卻沒有因此而過得更好、更幸福，愈多的關愛反而創造愈多忿恨與不幸。

為什麼？到底問題出在哪裡？難道不該有愛嗎？不，當然不是。愛並沒有錯，錯的是你在愛的上面添加了太多的東西，你的關愛包含了太多的期望，這即是問題所在。

你曾經沒有條件且不求回報的愛一個人嗎？你是否曾經以一個人「原本的樣子」來愛他（她）？如果你的愛是接受、是包容，而不是去期待對方，或是想改變對方，那我想這樣的愛是沒有人會去拒絕的，當然那些所謂的「感情問題」也不會發生。

愛必須是免費的禮物。愛的前提是要讓你所愛的人快樂；愛的目的，則是讓自己在愛的感覺裡，成為更好的人。要記住，如果你把愛貼上了價格標籤，那就不是愛了。

# 原因就出在你太自我了

人們談到愛，其實愛的不是對方，而是自己。
真正的愛，不是改造對方，而是成全對方。

你對自己的好惡有多少了解？

你說：「你喜歡這個人，不喜歡那個人。」為什麼呢？為什麼你會喜歡某個人，而厭惡另一個人？原因出在哪裡？又為什麼某個人原本你很喜歡，後來卻不喜歡，甚至覺得厭惡，為什麼？

原因就出在你的自我。有誰滿足了你的自我，你就喜歡他；反之，誰打擊了你的自我，你就厭惡他。你喜歡諂媚，喜歡別人關心你、重視你，這可以讓你的自我被增強，讓你的自我受到滋潤，所以有人誇獎你、讚美你，你就會喜歡那個人；而如果有人說你不好，傷害到你的自我，你就會敵視他。

## 平衡自我的優越感

有道是，好聽的話容易打動人，好心的話容易得罪人。不管對方是陌生人，或是你的朋友、同學、家人、伴侶，沒有人喜歡被別人批評，就算你是出於「好意」，但是如果傷到對方的自我，情況就是會更糟。

你可以看到有多少夫妻或情侶為了一點小事就爭得面紅耳赤，即使對方是出於好意，即使對方才說了幾句，但是他們會不惜消耗大量的時間、精力去爭辯，甚至六親不認，只為了要爭贏，只為了要證明自己沒錯。

其實這個意念的源頭無他，即是因為自我——自我一直遭遇自卑之苦，害怕被別人看輕，因而急於打擊對方來壯大自己。

自我被貶的愈低，企圖挽回顏面的衝動和敵意就愈大，非得置別人於更卑微的地位，以平衡一下自我的「優越感」。那也就是為什麼當你愈是指責別人的錯誤，他就愈不可能改，因為除非去對抗，或是故意「反其道而行」，否則他的自我要如何平衡呢？

例如：一位先生和朋友正在為一個問題發牢騷，他太太在旁邊建議他應該如何處理，他很生氣，便說：「要怎麼處理是我的事，不用妳管。」

太太聽了也氣著回道：「如果你真有本事的話，就別在那裡發牢騷。」

因為先生缺乏自信，所以反應這麼強烈。很不幸，太太反應也很自卑，這又把他的自信打了一巴掌。不管自尊也好，自卑也罷，說穿了，都是一個

「我執」在作祟。因為太看重這個「我」（我的面子、我的尊嚴、我的原則……）所以即使是一點小事，也可能大發雷霆。

**都是我執在作祟**

伴侶原本都是自己選擇的，也就是自己喜歡的，但後來為什麼會不喜歡，甚至覺得厭惡？沒錯，還是自我。

剛開始的時候，一切是那麼的美好——對方把所有的注意力放在你身上，那個眼神、關愛和熱誠，是那麼的滿足你的自我，所以你喜歡他、愛他，也為他付出同樣的努力。然後，當一切都安頓下來，整個情形就變了。

為什麼？因為你喜歡的那個人，是因為自我被滿足，而對方會喜歡你，也是因為自我被滿足，你們都有相同的需求，一旦雙方都企圖去滿足自我，或試圖要維護自我時，問題就來了。

你會變得愈來愈堅持自己的想法，愈來愈想支配、掌控，而對方也是如此，於是你們開始爭執、對抗、傷害彼此，你們變得愈來愈不順眼，甚至由愛生恨。

就是這樣，你了解了吧！所以我常說，當人們談到愛，甚實愛的並不是對方，而是自己。

真正的愛，不在抹掉或改造對方的風格，而是成全雙方的真實自我。

# 我最欣賞這種人了

你喜歡的人，你就說他好，不管他做了什麼。
政府如果搶劫彼得幫助保羅，一定可以得到保羅的推戴。

有兩個婦人在街上相遇，其中一個婦人問道：「你的女兒近來可好？我聽說她嫁人了。」

「是啊，她很好！她的丈夫真是棒極了！他不讓她做任何家事，每天都睡到中午才起來，然後還有佣人把早餐端到床前。下午她會到處閒逛購物，晚上會去喝咖啡。她穿得就像電影明星一樣！真是好命，我一想到她就覺得高興。」

「那你的兒子呢？他不是也結婚了嗎？」

「喔，是的。」婦人臉色一沉：「可憐的孩子——他可沒有這麼好命了。他娶的那個女人不但愛慕虛榮，而且懶得要命，什麼事都不做，簡直是個廢物！每天竟然睡到中午才起來，還要別人把早餐端到床前來。你以為她會看管這個家嗎？不！她整個下午都在逛街購物，把丈夫辛苦賺來的錢都花在那些電影明星才穿的衣服上。你知道她晚上都去哪裡嗎？去喝咖啡！這種女人也配當媳婦？」

當婆婆的人常忘了，其實媳婦也是別人的女兒，而自己的女兒也是別人的媳婦；當媳婦的也常忘了，自己的媽媽也是別人的婆婆，而婆婆也是丈夫的媽媽。

人總是自私的，總是以自我為中心。你喜歡的人，你就說他好，不管他做錯了什麼，你都會站在他那邊，替他說話；反之，如果同樣的情況發生在你不喜歡的人身上，那就完全不是那麼回事了。你會變得嫉惡如仇，變得大義凜然，變得得理不饒人。

## 人總是以自我為中心

你看，就是這樣，如果你認同某個人、某個宗教或某個政黨；當我說他們的好話，你就會認同我，喜歡我，覺得我很不錯，如果我說了一些批評的話，你就會懷疑我，討厭我，覺得我很差勁。

你的自我就是這樣在運作。怪不得大文豪蕭伯納會做出如此比喻：「政府如果搶劫彼得幫助保羅，一定可以得到保羅的擁戴。」可不是嗎？

有個孩子問他的爸爸：「如果有一個回教徒後來變成佛教徒或基督徒，

你有什麼看法？」

篤信回教的爸爸聽了很生氣，他說：「他是一個叛徒！他出賣了我們，也出賣了自己的靈魂，這樣的人是我最不恥的人。」

然後那個孩子接著問：「那，爸爸，如果是一個佛教徒或是一個基督徒變成回教徒呢？」

爸爸展露出笑容說；「那太好了，這個人很有智慧，也很勇敢，他願意改邪歸正，我們應該歡迎他、尊敬他，榮耀他。你知道嗎？我最欣賞這種人了。」

人們總是以自我為中心，來評斷是非、喜惡、好壞——那也就是為什麼許多宗教不但沒有帶給世界和平，反而引發更多的鬥爭；為什麼許多政客不但沒有帶給社會和諧，反而引起更多的對立，為什麼許多婚姻不但沒有帶給家庭團結和樂，反而造成更多的衝突與紛爭。

想要脫離黑暗的人生最好的方法，就是全神貫注在光明面上。

# 是狼？是狗？

一個喜歡給別人挖洞的人，自己也可能摔進洞裡；
壓低別人的人，自己也爬不到高處。

話說清朝乾隆皇帝時，眾家臣子跟隨乾隆的大轎，浩浩蕩蕩地來到承德避暑山莊，參加乾隆七十大壽的壽宴。

走在前面的戶部尚書和坤，不時回頭看在後面追趕的氣喘如牛的兵部侍郎紀曉嵐。他一直想，怎麼來捉弄一下這個平時喜歡和他鬥嘴，不買他帳的傢伙。

這時他看到一個侍衛牽著一隻狗，跟在紀曉嵐的身後，於是故意地放慢了腳步，指著那隻狗，大聲地對著紀曉嵐問道：「是狼？

是狗？」

所有的官員都聽出了和珅的弦外之音：「是狼（侍郎）——是狗。」於是都放慢了腳步，等著看紀曉嵐怎麼接招。

只見神色自若的紀曉嵐，對著和珅作揖，然後不疾不徐地說道：「回和大人，尾下垂是狼，上豎（尚書）是狗。」

官員們聽了都忍不住地笑了起來。當時身為戶部尚書的和珅，臉上一陣青一陣紅，愣了半晌，最後只好加快腳步落荒而逃。

人之所以愛跟別人比，或喜歡壓低別人，基本上便存有幾分想勝過別人，藉以滿足自己的優越感。這種賤他人以自尊的作法，到頭來往往落得自食惡果。

## 我家有很多令尊

有個秀才，自以為比別人多讀了幾年書，便十分驕傲。有一天，一個不識字的農夫請教他：「什麼是『令尊』？」

秀才看農夫一副呆頭呆腦的模樣，連令尊是父親都不懂，就故意戲弄他說：「這也不懂！『令尊』就是兒子。」

善良、耿直的農夫接著又問：「不知秀才家裡有幾個『令尊』？」

只見秀才一臉尷尬，好心的農夫心想，他或許沒有兒子，就熱心地說：「秀才大概沒有『令尊』，我家『令尊』很多，要不要給你幾個做你的『令尊』？」

另有一個準備去京城考試的秀才，在某農夫家寄讀，有一天他看到農夫家裡的水桶，想賣弄一下學問，於是他做了個句子：「大桶也是桶，小桶也是，小桶裝入大桶裡，兩桶變一桶。」

沒想到農夫也很機靈，馬上接招：「棺材也是材，秀才也是才，秀才裝入棺材裡，兩才變一才。」

一個人自吹自擂得愈響亮，以後自打嘴巴時就愈響亮。這不是很糗嗎？

## 拿石頭砸自己的腳

曾發生這樣的事：

在某個落後國家，有位官員下鄉視察農民的生產情形。

官員和接待他的貧苦農夫一路閒聊，話題扯到金錢與智慧何者重要。

官員神氣十足地問；「那麼，如果可以任你選擇，你會選擇擁有智慧呢？

還是要金錢？」

窮苦的農夫毫不考慮，立即回答：「當然是金錢了，那還用說。」

官員聽了，一臉不屑地嘲笑他：「你們這些人真是俗氣透了，只知道要錢。若是讓我選擇，毫無疑問，我一定選擇要智慧。」

農夫回答：「是的，長官。每個人都會選擇自己所欠缺的部分。」

套句黑人教育家布克．T．華盛頓的話：「想要硬把別人壓低的人，自己也絕爬不到高處。」

想搬石頭砸別人的腳，不小心就會砸到自己的腳；一個喜歡給別人挖洞的人，自己也可能會掉進洞裡。

# 你都記一些不好的事嗎？

拚命想不快樂的事並不會帶給你快樂。
拚命想不滿意的事也不會讓你更滿意；
拚命想不幸的事更不會使你變得幸福。

你知道你頭上有多少根頭髮嗎？不知道，對嗎？但是現在如果有人拔了你一根頭髮，你就會知道，對不對？你知道你有很多頭髮但你並不知道有幾根，然而只是一根頭髮被拉了一下，你也會清楚的感覺到。

你可以感覺你的痛苦，感覺到你的悲慘，感覺到你的不幸，但是對於你身邊美好的事，似乎都感覺不到。

當你鼻塞，你會感覺到，但是當你鼻子通了你就忘了鼻子的存在；當鞋子太小，你會感覺到，但是當鞋子剛好你就忘了腳的存在；當房子停水停電，你會覺得真糟，但是當一切都運作正常你從來不覺得有它們真好。

人們似乎就是這樣，只知道一些不好的、不對的，卻不知道好的、對的；只感覺到不滿足，卻感覺不到滿意，也總是感到不滿足。

## 痛苦卻黏著不放

你曾經記下你感到快樂的事嗎？你有沒有把一些你感到欣喜、滿意和滿足的事記下來？對於這些，你常去想嗎？還是你都記下一些不好？不幸和不快樂的事？

我發覺有太多的人對於痛苦似乎有種特別驚人的記憶，他們能記下每一筆痛苦，每一件悲慘、每一個錯誤，而且這個數量還不斷地在累積。怪不得，有人會說，記憶力不好的人，通常會比較快樂。

整個情形就像濟慈（**John Keats**）所說的：「快樂只是臨時過客，但痛苦卻會黏著我們不放。」試想，如果你記得的都是一些不愉快的事，你又怎麼可能快樂呢？

別忘了，我們留意的是什麼，得到的也就是什麼。生命的品質決定於注意力的品質，你所注意的事將成為你生命的重點。

多年前，曾經讀過 **Adan J.Jackson** 的著作《人生的四大祕密》其中有一段，是一個名叫貝利．凱斯特曼的老師跟一位年輕人的對話，深富啟發，我把它摘錄下來——

凱斯特曼先生說，我們在成長的過程中，經常以負面消極的態度面對事情，而這種態度正是造成我們不快樂的原因。

「什麼樣的負面消極態度？」年輕人問道。

「最好的例子就是我們對生命的期望。譬如，我們向來被教導凡事都要有最壞的打算，因為這樣就比較不會失望。」

「對啊！我也是被這麼教的。這說法很有道理，不是嗎？」年輕人附和。

「這是一般的說法，可是它是錯的。」凱斯特曼先生說：「而這會摧毀我們的夢想，阻止我們體驗快樂的感覺。」

「怎麼會呢？」年輕人說：「如果你已經有了最壞的打算，當它真的發生時，你就不會太失望，因為你已經有了心理準備；可是如果它沒有發生，你反而會很驚訝。如果你總是期待最好的，你只會讓自己承受更大的失望罷了。」

「我知道這麼說聽起來很有道理，可是，如果你總是期待最糟的，你就可能總是碰到最糟的。我可以證明給你看。現在你看看這個房間，試著注意所有棕色的東西。」

年輕人環顧房間一圈，看到許多棕色的東西：木製的畫框、椅子的扶手，書桌、書……

「好！」凱斯特曼先生說：「現在閉上你的眼睛，然後告訴我你看到的所有——藍色的東西。」

年輕閉著眼睛笑說：「我沒注意到有什麼藍色的東西。」

「張開眼睛。」凱斯特曼先生說：「你看看，這裡有很多藍色的東西。」

的確，藍色的東西有：一個藍色的花籃、藍色的相框、藍色的毛毯、桌上有藍色的資料夾、畫架上也有藍色的書……他愈注意藍色，就發現愈來愈多的東西是藍色的。

「看，這些你都沒有注意到！」

「可是你騙我。」年輕人說：「你要我找棕色的東西，而不是藍色的。」

「這就是我要說的重點。」凱斯特曼先生說：「你要找棕色的，所以你就只看到棕色的，而忽略了藍色。你的人生也是這樣，你一直注意最糟的，所以就總是看到最糟的，而錯過了那些好的。」

## 把注意力放在愉快的事物上

「這也是為什麼很多有錢和有名的人——那些擁有你所能想到的所有東

西的人——還是會沮喪。因為他們把注意力集中在他們沒有的事物上，而不是那些他們已經有的，所以他們就只看到人生中的貧乏。」

這就好比葉子藏月一樣，你只要將一片葉子放在眼前，它也會把月亮和世界隔絕在我們之外。如果你把整個注意力都放在負面的事物上，那麼所有正面的事物也將與你隔絕。

拚命想不快樂的事，並不會帶給你快樂；拚命想不滿的事，也不會讓你滿意；拚命想不幸的事，更不可能讓你變得幸福。想想看，如果你整個腦袋裝著都是負面的垃圾，又怎麼可能聞到花香呢？

著名的壓力研究專家漢斯．色耶（Hans Selye）曾提醒大家：「要消除心中不愉快最有效的方法，莫過於把注意力放在愉快的事物上。」

的確，要想脫離黑暗的人生最好的方法，就是全神貫注在光明面上——

因為當光亮出現，黑暗必然消失。

# 大師的引喻

最快樂的人即是那些不需特殊理由就快樂的人——只因快樂而快樂。而這無疑是個非常好的理由。

一個鬱悶不樂的人，求教於大師：

「大師啊！我一直想得到快樂，但卻過得不快樂，請問我要如何找到快樂？」

「快樂無需追求，你只要去享受就好。」

大師說了一個故事。

有隻大貓看見小貓追逐自己的尾巴，就問牠：「為什麼你要這樣追尾巴？」

小貓說：「我聽說貓最快樂的事，就是抓到尾巴，等我抓到了，我就得到了快樂。」

大貓說：「孩子，我也曾注意這大家都

有過的問題，我也相信快樂就是尾巴。但我發覺，我一追尾巴，尾巴就離我更遠，而當我不去理它時，似乎無論我到哪兒，尾巴都跟著我。」

「快樂就像貓的尾巴。」大師接著說：「當你追逐它時，你永遠都抓不到；然而，當你不去理它，你走到哪裡，尾巴就跟到哪裡。」

許多人認為「快樂」必須是「解決某個難題」、「改善某個關係」、「得到某個東西」，或應該要有什麼「特別值得高興的事」才覺得快樂，因而他們總是與快樂絕緣。

因為，追逐快樂就像追尾巴的貓一樣，永遠也追不到。一個相信「上大學」會使他快樂的學生，一旦上了大學，他可能又會有新的想法，那時他可能會認為，等到畢了業，找到工作之後，他才會快樂。然而，等到願望真的實現了，他又有新的目標，又會想要得到別的東西了。他不斷地追、追、追，但仍然不快樂，為什麼？

因為，當我們為快樂設定了條件，我們就很難快樂起來了。例如：你說「等到我有錢了，我就會快樂。」那麼在你達到「預期結果」，也就是在你變得「有錢」之前，你就不可能快樂，對嗎？

## 等待快樂，不如及時行樂

人們就是這樣一再地拖延享受快樂。甚至還會覺得享受是一種罪惡，我還有那麼多的工作沒做，有那麼多的目標沒有達成，我怎麼享受？你說：除非我完成了我才可以享受。

但是你的享受永遠都不會到來，因為你將會有新的目標、新的計劃，你還會有孩子，然後你就必須更加的努力，訂更多的目標和計劃，好讓孩子也能夠享受，而你的孩子將會有他們自己的小孩，就這樣你一再地拖延，要到何時你才能享受你的快樂？

如果小貓認為：「只有抓到尾巴，我才會快樂。」那麼我想牠永遠也快樂不起來。

其實快樂並不需要「完成某個心願」，也不需要「達成某個目標」；快樂是決定在你的想法，而不是外在的事物。

正如同英國神學作家William Ralph Inge所說的：「最快樂的人似乎是那些不需要什麼特殊理由就快樂的人——只因快樂而快樂，而這無疑是個非常好的理由。」

一個真正快樂的人，是不用任何原因、理由，就能很欣喜、很滿足、很享受，只因快樂而快樂，這還需要理由嗎？

# 每個人都只看到那個小黑點

就像一位在自家後院養雞的婦人，
光顧著撿撿雞糞，卻忘了撿拾雞蛋。
其實，除了一些小黑點之外，還有許多空白，不是嗎？

我們都有經驗，有時候一天做了九十九件順利的事，只有一件事搞砸了，便足以毀掉所有的喜悅；一件芝麻綠豆的小事，就足以破壞整天的心情。

為什麼？原因是我們太看重了做壞或做錯的「那一件事」，因而忽略了其他做好、做對的九十九件事。這似乎是多數人的通病。

有位心理學家作過一項實驗。他來到一個班級，裡面有五十個學生，他拿了張跟黑板一樣大小的白紙貼在黑板上，那張白紙上有一個小黑點，那黑點小的甚至不太容易看得見。

然後他告訴學生：「你們看到了什麼？把他寫下來。」所有的學生就開始寫，每一個人都寫下自己所看到的，這位心理學家就把學生所寫的都收在一起，他發現全部五十個學生都寫說他們看到一個小黑點，沒有一個例外，沒有人看到那張大白紙，每個人都只看到那個小黑點。

## 除了黑點之外

有一位太太找婚姻專家面談。她劈頭就說：「我要跟我先生離婚！因為他一點都不關心我和這個家。」她滔滔不絕地訴說著先生的不是：「他一點都不關心我，我燙了個新髮型他也不知道，更別說讚美我了；他經常不回家吃晚餐，更別提幫我做家事或幫忙照顧孩子了……」

婚姻專家溫和的打斷她，並拿出一張白紙，畫了一個圓圈，然後說：「在這個圓圈裡面，妳想到妳先生一個缺點，就點上一個黑點。」

這太太覺得這招太好了，她立刻拿起筆興奮的點著。點呀點的，這位太太點得手都痠了，終於點完了，她把這張滿是黑點的紙交還給專家。

專家拿起這張紙後說：「現在看看這張紙，請問妳看到什麼？」

這位太太想：「難道說『黑點』不對嗎？」於是她仔細看了五分鐘，還是看不出除了黑點之外還有什麼。於是她說：「還是黑點哪！」

婚姻專家笑了笑，語氣溫和但堅定的說：「再看看，然後告訴我妳看到了什麼。」

這位太太滿心疑惑，她心想；「我連答兩次黑點都不對，難道除了黑點以外，還有別的嗎？」

這回她好好的端詳了好一會兒，然後她說；「除了黑點之外，我好像還看到不少空白的地方。對啦！其實我先生他也不是一無可取啦！他經常不按時回家吃晚飯，有時也是因為工作太忙，經常要加班；他雖然不常讚美我，可是也很少責罵我；他不常幫我照顧孩子，可是賺的錢都交給我……」

說著說著，這位太太氣消了，臉上換上柔和的表情。她不好意思的說她不要離婚了，她要趕緊回家燒飯，因為她先生下班的時間快到了。

我們經常把注意的焦點放在缺點和錯誤上，以致把問題過度放大，就像一位在自家後院養雞的婦人，光顧著撿拾雞糞，卻把雞蛋忘掉了。

任何人、任何事，都有好的地方，也有壞的地方，為什麼不多去看它好的地方，卻專去挑壞的？其實，除了一些小黑點之外，還有許多空白，不是嗎？

## 十個缺點中的一個

我聽說有位老太太在結婚五十週年的宴會上，應大家的要求，透露了夫妻恩愛的祕訣，她說：「結婚當天，我選出丈夫的十個缺點，並決定以後對這些缺點視而不見。」

客人問她是哪幾個缺點？

「不瞞你說。」她回答，「我從來沒有把它們逐一列出。不過，要是丈夫做了一件真的令我很生氣的事，我就會對自己說：『算他好運，這是那十個缺點中的一個。』」

她是對的，一旦你能夠看到白紙，一旦你的注意力集中在白紙上，而不是黑點上，那個黑點就會消失。

在我們的生活當中，約有百分之九十的事是好的，百分之十的事是不好的。如果你想讓自己過得快樂，就應該把注意力放在這百分之九十的好事上，而不是那百分之十的壞事上。

要記住，那些不如意的事情，都只是你人生的一部分，千萬不要讓它變成人生的全部。

許多問題之所以一再出現，老纏著你不放，那是因為問題就在你身上。

# 或許問題就出在你

你無法逃避自己，就算換了再多的伴侶、朋友、環境，你還是你，你將重複創造出同樣的問題。

有一天，一隻烏鴉離開他住了一段時間的森林，向東方飛去。在途中遇到一隻鴿子，他們在樹梢停下來休息。鴿子關心地問烏鴉道：

「烏鴉大哥，你要飛到哪裡去呢？」

烏鴉憤怒地說道：「鴿小弟！森林裡的鄰居們都嫌我的聲音不好，只要我一開口，他們不是破口大罵便是對我吐口水，有時我高興起來，高歌一曲，他們摀著耳朵、吱吱嘰嘰地給我難堪，有時甚至飛過來啄得我渾身都是傷。你說，那種地方我還能待得下去嗎？所以我想飛到別的地方去！」

鴿子一聽，立即忠告他：

「烏鴉大哥，你飛到別處還是一樣有人討厭你。如果你不改變聲音，到什麼地方都不會受歡迎！」

是的，問題不在於你到哪裡，或你住在什麼地方，問題在於你。你可以從一個地方換到另一個地方，從這個人換過另一個人，但是問題還是一樣——你將重複同樣的問題。

**你將重複同樣的問題**

我聽說有個人想要搬家，而這已經是他今年搬第五次家了，朋友好奇地問：「住的好好的，怎麼想搬家？」

那個人抱怨說：「這裡的人，做人都很差勁，很難相處，所以想搬到其他地方。」

朋友問說：「你不是才剛搬來不久嗎？」

那個人說：「是啊！今年就搬了五次了，還是找不到適合的地方。」

朋友又問：「原因都是一樣嗎？」

那個人說：「對呀！」

朋友說：「我看你這樣搬家也是無法解決問題的。」

那個人說：「難道你有好的辦法？」

朋友說：「換了那麼多地方你都有問題，難道你沒有想過問題可能是出在你嗎？」

這即是長久以來人們一直在做的，他們不去改變自己，卻指望換個房子、換個工作、換個老闆、換個老公或老婆——日子就會從黑暗變光明。然而不管他們換到哪裡，一換再換，那個黑暗都在——因為你無法逃避自己，就算換了再多的伴侶、朋友、環境，你還是你，你將重複創造出同樣的問題。

**真正要改變的是你的心**

古印度寓言有一則關於老鼠的故事。這隻老鼠和其他老鼠一樣很怕貓。有一個巫師同情牠，願意提供幫助，解除牠的恐懼。在這隻老鼠的同意下，巫師將牠變成一隻貓。然而這隻貓又怕狗，因此巫師又將牠變成一隻狗。可是這隻狗又怕老虎，這樣巫師就再將牠變成一隻老虎。當這隻老處又怕獵人，他就厭惡得叫起來：

「你真是毫無希望！你所需要的是改變你的心！需要一顆新的心，這一點我可幫不了你！」

真正的改變必須發生在你身上，變成什麼樣的身份，或是換到什麼樣的環境都不是重點，真正的改變必須在你的內心。唯有當內心改變了，你的生命才可能變得不同，否則你做什麼都是沒用的。

**因為你還是你**

有個朋友工作壓力太大，感情又出了問題，所以有人建議他應該出去走走，「出國散散心可以幫你一掃陰霾。」

因此他開始出國旅遊。最近碰到面，他告訴我出國旅遊的事並不解地問：「為什麼我的煩惱有增無減呢？」

「因為你還是你啊！」我說：「本來工作和感情對你已是一個負擔，現在加上出國旅遊變成了第二個負擔，你的煩惱當然有增無減。」

「想一想，當你出國旅遊，飛機飛到九霄雲外，在離地三萬哩處飛行，而你，人雖然離開了地面，但心卻黏在地上；離開了那個環境，卻沒離開那個心境。這樣有用嗎？那些問題還一直跟著你，不是嗎？」

許多人渴望快樂，然而不管他們去到哪裡，他們都看到痛苦，甚至他們會創造痛苦，因為他們就是痛苦。所以，根本的問題不在於你要在某一個地方或從某一個人身上找到快樂，除非你有快樂的心，否則你將無法在任何一個地方找到它。

**問題就出在你身上**

歐康納曾引喻說：「他找不到問題的根本在哪裡，因為他的問題根本就是自己。」

沒錯，問題就出在你。你既是問題，也是答案。

在你的生命中，有哪些問題曾一再地困擾著你？金錢、健康、舊戀情、煩雜的工作、討厭的上司、不受教的子女、兩性相處的問題……。如果你老是遇到重複的問題，你就得好好問自己了：「我在解決問題嗎？還是我就是那個問題？」

許多問題之所以一再出現，老纏著你不放，那是因為問題就在你身上。

要記住，如果你不是答案的一部份，便是問題的一部分。

# 死不認錯，錯上加錯

承認錯誤——
表示你是人，是人都會犯錯；
表示今天的你比昨天的你更聰明；
表示現在的你比過去的你更優秀；
表示你還會成長，還可以更好一點。

要一個人去承認自己的錯誤的確不容易，尤其是自卑感太重，又死愛面子的人，那可真是難上加難。

為什麼？因為一旦承認了自己的過錯，等於是否定了自己，同時還必須面對自己的問題和罪惡，為了維護顏面，只好來個死不認錯。

我見過許多人明明錯了，也要兜個大圈子找一大堆理由，總之，就是不願說出：「我錯了！」

## 要她道歉她說不出口

阿美就是個例子，她剛結婚不久就跟丈夫家裡的「每個人」都處得不好，所以先生希望透過「家庭溝通」能化解彼此的誤會。

這個主意當然是好的，但是誰能料得到阿美竟把「家庭溝通」當作「家庭鬥爭」，沒幾下就把原本和諧的「對話」，搞成爭鋒相對的「對罵」。她甚至對著婆婆喊著說：「其實我早就想離婚」、「要我改變是不可能的」——。婆婆聽了當然是怒火中燒，於是也不甘示弱的反擊回去。結果溝通破裂了，阿美也搬出這個「破碎」的家。

故事還沒結束。這陣子阿美突然想回去那個她口口聲聲說不喜歡的家，於是差先生打探一下婆家的情況，婆婆當然是千萬個不願，但是為了「一家和諧」，也為了不讓「兒子難堪」，也就勉為其難答應了。只希望這個衝動無禮的媳婦回來時，能說聲道歉，那麼過去的事就讓它過去，一切再重新開始。

唉！難就難在要一個「自以為是」的人說聲道歉，那還真難。幾經丈夫多次的「溝通協調」，那邊的回答還是一樣：「要她道歉她說不出口。」結果可想而知，大家也就一直僵在那裡——就卡在一句道歉。

這實在令人費解，一個什麼話都說得出口的人，竟然連一句道歉的話都說不出來，為什麼呢？是因為面子或尊嚴嗎？那別人的面子怎麼辦？別人就可以不顧尊嚴了嗎？

## 唯有愚人堅持錯下去

有道是：面子是人給的，臉是自己丟的。既然丟了臉，就要有承認過錯的勇氣，否則不但掙不回「面子」，連「裡子」都被人看透，人們只會更瞧不起你而已。

古羅馬哲學家西賽羅（Cicero）說的對：「只要是人，都會犯錯，但唯有愚人堅持一直錯下去。」犯了錯卻不肯承認，等於是錯上加錯。畢竟，沒有人能改變自己不願承認的事，不是嗎？

這個世界上任何的傻瓜都知道替自己的錯誤辯解，但只有聰明的人才懂得承認錯誤。正如知名作家卡內基所說的，若能抬頭承認自己的錯誤，那麼錯了也能有益於你。因為承認一樁錯誤，不僅能增加人們對你的尊重，且將增加你的自尊。一個真正偉大和聰明的人，都會願意說他錯了，並重新來過。

## 坦白認錯就不算錯

羅馬帝國時期，有位安德烈大帝經常巡視各地，有一天，他到了一個監獄視察，並詢問所有的罪犯：「犯了什麼罪？」他想看看他們是否有悔意。

「我沒有犯罪，我是冤枉的啊！」

幾乎每個罪犯都大聲喊冤，說自己無罪，要求被釋放。

在眾多喊冤的犯人當中，只有一個犯人很誠實地說，他犯了錯，罪有應得，願意受監服刑。

安德烈大帝聽了，對獄卒說：「這個壞人怎麼可以和這麼多好人關在一起？立刻把他放掉，免得所有好人都跟他學壞了！」

的確，如果做錯，坦白承認，就不算錯。

因為，承認錯誤——

表示你是人，是人都會犯錯；

表示今天的你比昨天的你更聰明；

表示現在的你比過去的你更優秀；

表示你還會成長，還可以更好一點。

去承認自己將會變得更聰明、更優秀、更好一點，真的有那麼難嗎？

# 難不成我就是那顆壞蛤蜊？

外在世界是內心世界的反映，
所以不要對世界生氣，
不論你碰到是怎樣的世界，
它不過是你放大的自己。

人際關係就像一面鏡子，讓我們看到別人，同時也照出自己：你是怎樣的人，你就會認為別人怎麼樣。

如果你很小氣，你就會認為別人也很小氣；如果你是一個喜歡批評的人，那麼你要不是老愛挑別人毛病，就是對別人說的話特別敏感，你會把所有的注意力放在錯處，指出別人的不是，你總是一再地發現錯誤，因為你就是這樣的人。

別人身上的負面特質會激怒我們，往往

反映我們也有相同的特質；而別人最惹我們討厭的地方，也是我們最受不了自己的地方。所以，當你提到別人的錯誤，其實描述的正是自己。這點必須記住，無論你對別人說什麼，你同時也是在說自己。

## 外在表現是內心的投射

一個壓抑憤怒的人隨時都可能發怒，每一件事都可能變成他憤怒的理由，並不是說每一樣東西都是錯的，而是他會投射，他會把隱藏在自己內在的東西投射到別人身上。所以他將會譴責每一個人、每一件事，所到之處他都會感到錯誤，因為他積累了太多的怒氣，所以即使是一點小事也能引燃他的怒火。

外在世界是內心世界的反映。你會有什麼樣的行為，就表示你就是怎樣的人，外在表現只是你內在狀況的投射。

如果你的內心充滿著善與美，你所見到的也將是一個洋溢著喜悅、和諧、感恩、富足和愛的世界。如果你具有一顆快樂的心，你將會在每一個地方都感受到那個跳動——在迎面吹來的微風裡，在斜陽西照的晚霞裡，你都能感受到快樂。沒有原因地，喜悅洋溢在你的四周，只因為你心中充滿了快樂，所以就這麼散發開來。

反之，如果你內心充滿著惡與醜，那你所見到的也將是充滿著罪惡、錯誤、醜陋的世界，你將會在任何地方都感覺到醜惡。你只能感覺到那些你是的，至於你不是的就感覺不到了。

## 你的世界是你放大的自己

用力擠壓檸檬會得到什麼？得到檸檬汁，對嗎？因為這是它的「內涵」。一個人所呈現於外的一切，也都是從自己的內部「流露」出來。

咱們可以看那些老是發現問題或製造問題的人，其實他們自己才是最有問題的人；喜歡挑人毛病的人，其實自己才是最有毛病；喜歡說三道四的人，其實自己才是最不三不四。

當一個人心存邪惡時，就特別容易看出別人的錯誤。所以，責備別人的人，自己才是最需要被責備的人，他的譴責，正是內心邪惡的表現。反之，我們對別人的苛責也是一樣。換句話說，如果你是錯誤的，你將會在你的周圍創造一個錯誤的世界，你會將錯誤投射到自己的世界。這也就是為什麼你的世界會一團糟。所以我常提醒學生不要對你的世界生氣，不要去責怪別人，不論你碰到的是怎樣的世界，它不過是你放大的自己。

**竟然沒有一顆是好的**

日前姊姊推薦我讀一本好書《心靈轉彎處》，作者是師大家政教育系主任黃迺毓教授，其中有一則「蛤蜊寓言」個人覺得深受啟發。

故事是敘述作者小時候很喜歡做的一件事，就是幫媽媽檢查買回來的蛤蜊裡有沒有壞的。

檢查的方法是用左手先拿住一個蛤蜊，再用右手撿起其它蛤蜊，一個一個地敲敲看，如果蛤蜊敲出來的聲音是結實的，就是新鮮的蛤蜊，如果敲的聲音是虛的，有點沙啞，不管它的口閉的多緊，還是壞的蛤蜊。

自從她母親教過她之後，她幾乎不曾「誤判」過，所以家人都誇她是個

「蛤蜊鑑定專家」。

有一天，她母親又買了一包蛤蜊，她熟練的拿出一個大碗，開始她的鑑定工作，出乎意料的是：居然「所有的」蛤蜊都是壞的！她不敢相信自己的耳朵，又重複一個一個再敲過一次，竟然「沒有一顆」蛤蜊是好的！

她捧著一大碗「壞的」蛤蜊去稟告母親，母親很驚訝：「怎麼會是這樣呢？這個賣蛤蜊的從來不會騙我的呀！」

於是她母親親自動手檢驗，這才發現原來她抓在手中的那顆蛤蜊是壞的，難怪敲起來聲音全部不對勁！

以後，當她對周遭的人看不順眼，或是怨嘆自己怎麼「都」遇到不好的人時，她就會想起「蛤蜊寓言」——難不成我就是那顆壞掉的蛤蜊？有那麼多不滿的人會不會是我自己造成的？

我們總以為問題是出在別人身上，卻很少想到或許問題是出在自己。因此，如果你發現自己老是碰到一些討厭的人和倒楣的事，別忘了先反省一下自己：你是否就是那顆壞掉的蛤蜊？

## 別人只是一面鏡子

拉丁有句諺語：「別人撒鹽傷不了你，除非你身上有潰爛之處。」每當你覺得受到傷害，要記住，那是因為你有一個傷口。就因為你有一個，甚至很多的傷口，所以只要別人不經意的觸碰，你就敏感地又叫又跳要別人為「你的」傷口負責。

試想，如果傷口發炎的是你，卻要別人去治療去吃消炎藥，你的傷口會好嗎？你應該儘快治好自己的傷口，那麼就沒有人能夠傷害你，不是嗎？再者，把傷口治好了也才不至因潰爛發炎而傳染給別人，對嗎？

總之，就是不要去責怪別人，而要反省自己。因為別人只是一面鏡子，你只能在別人身上找到自己，從別人身上照出自己。

與其忍到火山爆發，不如讓自己常冒煙。

# 你可以矇騙別人，但騙不了自己

為酸溜溜的檸檬加點糖，
至少比較好入喉。
但是千萬別錯把檸檬當作是糖。

把自己的行為合理化，是多數人都非常熟悉，且常做的事。

以前有一個故事說，有一個宗教團體深信上帝會毀掉這個世界。他們宣稱知道上帝要摧毀世界的日期和時間，而且還大膽宣告世人這個消息。

結果當他們宣告的時間來到了又過去，卻什麼事也沒發生，這讓他們覺得很不安。於是想了好幾個小時，終於找到最完美的解釋。他們發現原來是他們的真誠和禱告解救了這個世界，他們說服了上帝延期（甚至取消）世界末日。這麼一來，他們就更堅信自己是對的。

為什麼要合理化？那是因為當結果與自己原來的期待和信念不符，產生了認知落差，所以只好為自己找個合理解釋，以求心理的平衡。

比方，有個人娶了老婆結果不符自己的期望，但是「木已成舟」既然已經選擇了她，為了不讓自己像個傻瓜，也為了不讓別人否定，他就一直說服自己和別人說她「真的」很不錯、她「真的」很好，他會不斷地強調老婆的優點和長處，以平衡一下自己失調的心理。

## 為什麼要強調？

然而，事實就是這樣，每當你試圖去強調什麼，實際的情形就正好相反。

一個愈是強調自己長處的人，就愈是暴露出自己的短處。

一個希望被讚揚、希望大家肯定他、注意到他的人，其實在他的內心深處，往往認為自己什麼都不是。

一個喜歡不停購物，買了很多東西還嫌不夠的人，其實在他的內心深處，未曾真正擁有過。

一個人必須一次又一次的證明某件事，那是因為他未曾真正相信過。同樣的，當你必須一次又一次的強調某個人或某件事，那一定有什麼事不對勁了。

就像那位總是忙著「說服」別人的先生一樣，為什麼他要一再強調說老婆的好，沒錯，因為連他自己都很懷疑，所以他才必須一再地去強調。

有個母親跟我談到她那不孝又懶惰的媳婦，她覺得非常不解，這麼差勁的媳婦為什麼兒子還要一再說她的好話，老是捧她、哄她，她告訴我：「有時就只是做了一點小事也能大肆讚揚，真是聽了都想吐！」

「這其實並不難了解。」我說：「你平常會注意到妳在呼吸嗎？除非你呼吸不對勁或出了問題，比方感冒、鼻塞……等，你才會注意你的呼吸，對嗎？同樣的，如果你媳婦真的有那麼多的好，那麼好就是很平常的事，你兒子也就不會刻意去注意她做了些什麼好事，然而因為她很難得才做一件好事，兒子當然會特別注意到啊！」

## 第二杯酒

我聽過一則故事——

有一個人邀請一位著名的品酒專家到家裡做客，因為他典藏了一些非常有價值的酒，他想要將他的珍藏展示給這個人看，希望能得到專家的讚賞。

首先，他倒給專家一杯他最有價值的酒，專家嚐了一下，一句話都沒說，就連最起碼的讚揚都沒有，他覺得很挫折。於是他決定給一杯非常普通廉價的酒，沒想到專家嚐了之後，連說好酒！好酒！非常好非常好。

他覺得很疑惑，忍不住地問道：我感到很不解，我先前給你的是最名貴、最有價值的好酒，而你卻什麼都沒說；但是對這一杯最普通、最廉價的酒，你卻說非常好非常好！

品酒專家說：對於第一種酒，不需要有人對它說什麼，那個酒本身的好就為它說出了一切；但是對於第二杯酒，需要有人來讚美它，否則它將會覺得受傷！

所以我說，每當人們試圖去強調什麼，實際的情況往往就真的相反。

## 別錯把檸檬當作糖

如果你是太陽，你需要去說服別人你是光亮的嗎？真相已經在那裡。就好像一朵盛開的香花，它的芬芳和美麗自然會散發開來，你無需強調，不是嗎？

如果你覺得去面對真相，太過沉重，你或許無法接受，那就（給那個讓你期望落差的人或事）加點糖吧！為酸溜溜的檸檬加點糖，至少比較好入喉。但是千萬別錯把那個人和那件事當作是糖。

用合理化來安慰自己也許日子會比較好過一些，但是如果總是矇著眼睛過日子，那就只是自欺欺人。喔！不，或許你可以矇騙別人，但你欺騙不了自己。你難道從來都沒有想過，為什麼你不斷地加糖但日子卻過得更苦嗎？

# 感情債

內有所感，你發於外，將獲救於此；
內有所感，你隱於不發，將被毀於此隱。

你常感到憤怒，卻不知原因何在嗎？是否時常為了一些芝麻小事而突然發飆起來？你是不是那種脾氣一觸即發的人？

如果你的回答是「是」的話，那你恐怕已經積存不少未獲舒解的情緒了。

很多人以為忍耐是美德，處處委曲求全，深以為這種處事態度可以免去許多衝突。事實上，一味的忍氣吞聲，把不愉快積在心底，就像火山爆發一樣，等到內部的能量蓄積到無法仰制，往往會一發不可收拾。

一個壓抑憤怒的人，在忍無可忍的情況下，反而會以歇斯底里的病態方式來加以「宣洩」；一個積累不滿和怨懟的人，在無法宣洩的情況下，反而會用突然的生病來加以「表達」。

## 沒有發洩的情緒

情緒一旦被壓抑下來，便會導致範圍擴大的精神痛苦，深埋在內心的傷害會轉化為憤怒、焦慮、憎恨、愧疚、厭惡、抑鬱，重複的折磨自己。於是，我們開始繃起了臉、抿著嘴、對孩子尖叫、踢無辜的狗、撕毀心愛的衣服、摔盤子、在宴會中哭泣——甚至併發嚴重的疾病。

著名的精神病學家大衛・威斯考特（David Viscott），在其《情感解放》（Emotionally Freel）一書中就提到，感情的積壓會變成「感情債」，日後終將連本帶利的回到自己身上。

他將這種複雜的情感糾結簡化成一個簡單的循環——

現在的痛苦經歷是一種受傷害的感覺，

過去的痛苦在記憶中變成了憤怒，

未來的痛苦是一種焦慮的預想。

沒有發洩的憤怒積壓心中，矛頭轉向自己，成了愧疚；

憤怒轉向之後，精神耗盡，虛空感演變為抑鬱。

從這個循環我們可以發現，受傷的情緒一旦被壓抑下來，只會愈形擴大。

憤怒與仇恨都只是表象，痛苦埋藏其下。

我們不就常看到自己或別人，對一些蒜皮小事反應過度嗎？其實問題並不在那件事，事件本身只是導火線，引爆了過去長期積累下來的情緒。

**事件只是導火線**

如果你過份壓抑，你將很容易就被引爆，因為你的血液，你全身上下都佈滿著火藥，即使你愛上某個人，你還是攜帶著它，然後只要一點小火花——也許是先生說了一句不中聽的話，或是太太做了某事不合你的意，整個彈藥庫就會炸開來。

事實上那是一件很小的事，為什麼你會大發雷霆？你曾想過嗎？這麼小的一件事，你為什麼會那樣的生氣？如果你認真想過，你很可能就會反駁我說：「什麼小事？那是因為你不了解，你知道我忍他多久了嗎？你知道我原諒他幾次了嗎？」情形就是這樣，你的忍耐到頭來反而累積更多的敵意，所以即使是一件小事也會變成一件大事；一個小爭執也能讓你大發雷霆，也能讓你氣不消。

事實上除非憤怒遭到壓抑，否則沒有一個人能夠一直保持憤怒。憤怒就跟情緒一樣，來來去去，你感覺它們，然後不久就消失了。如果它被表達出來，那麼你就不再生氣，就這麼簡單。然而，如果你叫自己「不要生氣」，你能怎麼辦呢？你只能去壓抑，對嗎？你越是壓抑，憤怒就累積愈多，漸漸地，憤怒將佈滿你的全身，讓你一直保持著憤怒。

如果你要開車，你就會開的很快，猛踩油門；如果你去看球賽，你就會充滿暴力，好像是你在打仗一樣；如果你有孩子，你將會沒有耐心，動不動就發脾氣。當你心中充滿憤怒，不論開車子、看球賽、帶孩子——任何事都可能成了憤怒表達的工具，這即是在壓抑的結果。

《湯瑪斯福音書》（Gospel of Thomas）寫道：「內有所感，你發之於外，將獲救於此；內有所感，你隱而不發，將被毀於此隱。」

套句我常說的話，與其忍到火山爆發，不如讓自己常冒煙。適時的把氣發出來總比悶在肚裡好，但是如果你能「不生氣」，而不是刻意「不要生氣」那當然是更好囉！

# 不好意思拒絕

除非你先尊重自己，否則別人也不會尊重你；
如果你把自己當做老鼠，貓就會把你吃掉。

「不好意思」拒絕，似乎是大多數人的通病。

你是否也曾遇過這類的事：出國時，別人託買東西，不好意思拒絕，結果最後不合對方的意，只好認賠了事；別人向你借錢，不好意思拒絕，結果錢沒了，友誼也毀了；親友向你推銷東西，不好意思拒絕，結果買了一堆用不到的東西；別人有事找你幫忙，不好意思拒絕，結果做了許多自己不想做的事……

許多人之所以把生活搞得一團糟，即是因為說了太多次的「好」，而不懂得說「不」。

那為什麼人們明明滿心不願，卻又說不出一個「不」字呢？這是因為他們不能肯定自己，認為自己是沒有什麼價值的人，因而企求別人的贊同和肯定，甚至為了得到「認同」不惜讓人予取予求。

然而，這種不能拒絕別人的心理，反而會再次降低自我的價值感。原因很簡單，當你不尊重自己，一再委曲己意，任人擺佈，那別人又怎麼會尊重你呢？你無法對人說「不」，也就表示別人的感覺比你重要，不是嗎？而如果你總是把別人看得比你自己更重，那麼別人只會把你看輕，甚至吃定你也就不足為奇了。

沒錯，如果你把自己當成老鼠，貓就會把你吃掉。

## 好馬被人騎

以崔西為例，她從早到晚都「為別人」忙得暈頭轉向，即使她非常不樂意做這些事，但仍一做再做，把自己搞得既疲憊又挫折。不好意思拒絕，讓她成了名符其實的「好馬被人騎」。

果然，「讓狗上了板凳，牠就會跳到桌子上來。」由於她凡事都說「好」，反而讓別人養成一種「習慣」——遇到不願意做的差事，或是不合理的要求，第一個就想到找她。這又使得她對自我價值更加貶損。

正如安．摩提菲所說的：「每一次我們拒絕了說『不』的需求，我們的自尊就少了一分。」

情況就是這樣，除非你先尊重自己，否則別人也不會尊重你。別人會怎樣對你，都是從你的反應去判斷，哪種行為是行得通，哪一種是行不通。如果他們吃到甜頭，就會食髓知味，反之，如果吃到閉門羹，自然會知難而退。你是怎麼做的，他們就會依照你的做法來判斷和行動。

除非我們學會如何「婉轉且堅定」地拒絕，否則我們不但無法獲得別人尊重，也難以尊重自己。我們不但做不好別人要我們做的事，更無法將自己該做的事做好。總之，討好別人的結果，就是什麼都沒討好。

## 就是說不

生命中最大的學問之一，就是知道什麼時候應該說「不」。我們可以用簡短的一個「不」字拒絕要求，而不必花更長的時間去「折磨自己」或找藉口去「欺騙他人」。

更重要的是，在拒絕之後，你可以完全把這件事忘了，把時間花在生命中更需要關心的事情上。

不管他是誰，只要是你不想要、不想買、不想去、不想給……。**Just Say No**，就是說不。

當你對別人無禮的要求說「不」，其實是對肯定自我說「好」；

當你對放棄自己的原則說「不」，其實是對尊重自我說「好」；

當你對違反自己的本性說「不」，其實是對真實自我說「好」；

每一次拒絕，每一個「不」的背後，其實代表一個「好」——因為，除非一個人能老老實實地說「不」，否則就不可能誠誠懇懇地說「好」。

說不，也接受別人對你說不，這樣事情不是簡單多了嗎？

僅僅節食就像只拿半張的鈔票，是無法買到東西的。

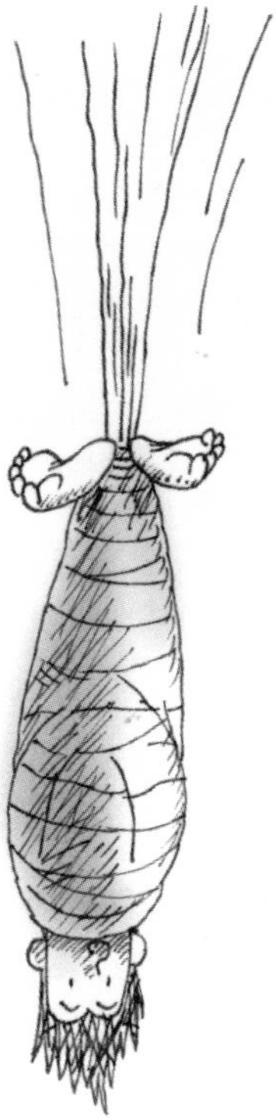

# 為什麼會愈減愈肥？

如果你有體重過重的問題，
建議你先把減肥的問題放一邊，
開始想想看，
有沒有什麼讓你覺得不安、恐懼和沒有安全感的人或事？

近年來，減肥似乎成為全民運動，每天都有成千上萬的人投身瘦身的行列。然而，多數曾力行減肥的人都有共同的疑問，就是為什麼九成以上的減肥計劃，到頭來都會失敗？雖然飲食控制能夠減去相當的體重，但是過了一陣子，那些失去的體重又通通吃了回來，甚至比原先更重，為什麼？

有一個理論認為，人體內有一個控制體重的內定標準（Set Point），可決定一個人所需的脂肪和體重。此標準因人而異，當人嘗試改變體重時，身體也會藉著調整基礎新陳代謝率將體重調回內定標準。

## 動物會保衛自己的體重

布朗奈爾教授曾在賓夕法尼亞大學主持一項多所大學的合作，他專門研究那些體重忽增忽減的人在新陳代謝方面的變化。

布朗奈爾的小組用小老鼠進行試驗，所得結果清楚地顯示，因吃多吃少而體重上上下下的動物，會在吸收食物方面變得極有效率。第二次減肥時，小老鼠所吃的食物熱量雖然和第一次減肥時相同，但體重降低的速度卻只有第一次的一半；再讓牠們回增體重時，增重的速度則為第一次的三倍。

「顯然動物會保衛牠們的體重。」布朗奈爾如是說。

在漫長的人類歷史中，設法獲取足夠的糧食一直是生存的本能，因為很可能不久的將來會發生糧食不足的情形。在這種飽食與飢餓的循環中，人類身體演化出一種貯存食物而不立即轉化為能量的生化機轉，也就是將食物以脂肪的形態加以貯存，即使是忍受長期的飢餓也不致餓死。

今天，在世界多數的地區，有一餐沒一餐的情形已經結束。在一些比較幸運的國度中，隨時可以大啖食物，不必擔心明天沒得吃。但我們身體的生理作用卻尚未調適過來。我們的身體不斷保持「戰備狀態」，以應付隨時可能到來的饑荒，對於未能迅速轉化為熱量的食物，仍繼續以脂肪的型態存於體內。

身體根本分不清你減少飲食，究竟是因為你想塞進小一號的牛仔褲，還是因為發生了饑荒或其他災難。所以身體就自然進入「非常時期」，降低新陳代謝，減慢燃燒脂肪的速度。這是人類數百萬年來演進的結果，是很難加以改變的。

## 另外半張鈔票

那麼我們又該如何？難道我們只能對著過多的「肥肉」哀聲嘆氣嗎？當然不是，事實上，減肥是一個複雜的過程，節食無疑是其中的一部份，但僅僅節食就像只拿半張的鈔票是無法買到東西的。

那麼，另外半張鈔票是什麼呢？讓我們先來看看多餘的體重是什麼。顯然，我們身上多餘的體重既不是骨骼，也不是肌肉，也不是水分，我們身上多餘的部份是脂肪。我們並不是體重超重，而是脂肪太多。所以，真正的問題所在顯露出來了：為什麼節食並不能奏效，因為它少了另外半張鈔票，也就是欠缺了，能燃燒脂肪的方法——鍛鍊肌肉。

一個節食的人會暫時減輕體重，但所減輕的體重大部份是水分和肌肉。肌肉，本是體內最大的消耗能量的組織。這就不難明白，為什麼節食不能達到減肥，這就像你想讓房子裡的溫度升高，卻把暖氣關小一樣，結果可想而知。

## 脂肪過多加上肌肉過少

肌肉組織在二十歲以前平均每十年減少三公斤左右，四十五歲以前更是加速減少，許多在中年以後發胖的人，都認為他們最大的問題就是脂肪過多，其實，真正的問題應該是脂肪過多加上肌肉過少。脂肪和肌肉組織的代謝過程不一樣；脂肪比較不活動，它是一種貯藏能量的組織，而肌肉則是消耗能量的組織。

假如你是史前時代靠狩獵維生的人類，那麼身上擁有一層肥厚脂肪對你會很有幫助，因為在沒有獵物可吃的時候，脂肪可以當做身體的燃料，提供你能量。而且脂肪很密實，可以抵擋寒冬，保持身體溫暖。但是，對於需要消耗多餘熱量的現代人來說，脂肪太多不但有礙觀瞻，更有礙健康。

現在大家便可以理解，為什麼鍛鍊肌肉會如此重要了吧！肌肉較多而脂肪較少的人，其有較快的代謝率，所以即使吃得多也不易發胖。更簡單的說，你的肌肉愈多，代謝熱量就愈快也愈多，減肥效果自然也就愈好。

此外，除了我們先前談到的生理因素，減肥和心理因素其實也有非常重要的關聯，這點常被一般人所忽略。

## 肥胖心理學

「心態會影響形態」，人的外表皆是內心的投射。許多人減肥效果不彰，關鍵的原因即是他（她）的內心早已認定自己是個胖子，因此即使體重減輕下來，但不出多久那些丟掉的體重又會「連本帶利」的回到身上，以符合自己心目中的「自我形象」。

其次，每當人們覺得缺乏安全感或是恐懼、害怕時，就會「壯大自己」以求自衛，最明顯的就是身上會多出一層脂肪（安全護墊）來保護自己，體重自然直線上升，而當你試圖以減肥來消除身上的贅肉時，內心對安全的渴望就愈強烈，最後往往是愈減愈肥，甚至演變成暴飲暴食。

所以，如果你也有體重過重的問題，建議你先把減肥的問題放一邊，開始想想看，有沒有什麼讓你覺得不安，恐懼和沒有安全感的？那也許是你的配偶、你的工作、你的生活，或是你的遭遇。把這些問題先安頓好，並為自己重塑一個正面的、吸引人的形象，再來開始你的減肥計劃，我想這樣減肥的成效必能大大的提高。

如果你的世界是一團糟，那是因為你這個人、
你的想法也是一團糟。

# 巴黎還是巴黎，只是你變了

這世界並沒有什麼不對，你之所以覺得不對，
那是因為你帶著錯誤的想法，
所以就只能夠看到錯的東西。

這個世界是中立的，發生在你身上的事，沒有一樣是絕對正面或負面，好的或壞的、對的或不對的，你之所以認為事情是對的、好的，那是因為你的詮釋；同樣的，當你說某件事是不對的、不好的，那也是你的詮釋。

如果你是正向的，你就會以正面的態度去看事情，反之，如果你是負面的，那你所看到的世界必然是負面的。

你可以回想一下，在你心情好的時候，是不是看任何事情都賞心悅目？即使那時發

生一些狀況，你很可能也不會去在意。然而，如果同樣的狀況發生在你心情不好的時候，那很可能就沒完沒了，對嗎？問題不在事情上，而是在於你。

**是衛靈公的想法變了**

我想起一則故事——

相傳，衛靈公對彌子瑕深愛寵信。

依照衛國的法律，擅自使用君王的車子，將被處以斬足之刑。有一天，彌子瑕聽說母親生病，情急之下假稱君命，坐著靈公的車去探望母親。

衛靈公知道這件事後，對他說：

「你真是一個孝子，因擔心母親的病，竟忘記自己會受處以斬足之刑。」

於是，原諒了他的無禮。

又有一次，彌子瑕跟隨靈公到果園遊玩，他看到成熟的果子，便摘下一枚，先咬了幾口才給他，沒想到衛靈公卻對他說：

「你很敬愛我，才把捨不得吃的果子留給我吃。」

這天彌子瑕又犯錯了，結果這次靈公不但沒有讚美，反而惱怒地說：

「這傢伙曾假冒我的命令乘坐我的車子，又把吃過的果子塞給我吃，真不是好東西！」從此，彌子瑕就被疏遠冷落了。

其實，這兩件事皆是曾被靈公讚美過的，現在卻成了責備的理由。為什麼？沒錯，是衛靈公的「想法變了」。

表面上看來，靈公的惱怒似乎是針對無禮放肆的「那個人」和「那件事」，但其實是來自「那個人太放肆無禮了」的想法。事情還是同一件事，但是詮釋事情的人卻變了。

在《列子》裡也有一則故事，說有一個人掉了斧頭，認為是鄰家的兒子偷的。從那天起，他便開始注意鄰家兒子的舉動，不只是動作，連他臉部的表情和談吐，看起來都像個賊。

後來，那個人在自己房子旁邊的水溝找到遺失的斧頭，從此當他再看到鄰居的兒子，說來奇怪，不論怎麼看都不像是會偷東西的賊。

鄰家的兒子一點都沒有改變，但是當那個人對他的想法變了，整個情況都變得不同，不是嗎？

所以我說，這個世界是中立的，你之所以會認為好或不好，對或不對，美或是醜，那都是來自你的想法。

## 其實是你變了

當你喜歡某個人，你就會覺得他做的每件事似乎都是對的，如果你不喜歡他，同樣的那些事，你就會覺得不對勁。

當你愛上某個人，你就會覺得他真好、他真美，當你開始恨他，同樣的那個人就變成壞的、醜的，你從來沒察覺到說，同樣一個人為什麼之前看起來是那麼樣的美好，為什麼之後卻變得那麼的醜惡，這難道跟你一點關係都沒有嗎？沒錯，人也許都是會變的，但是你難道一點都沒變嗎？你有沒有想過其實你也變了？

我聽說有一個人在八十歲的時候跟他太太到巴黎去旅遊，他們四處閒逛了一會，那個老先生說：「巴黎已經變了，我在五十年前年輕的時候來，那才是真正的巴黎。」

他太太笑著對他說：「我的想法跟你不同，我認為巴黎還是一樣，只是你已經不再是你了。你不會看看那些年輕人，他們正在享受，就跟你年輕的時候一樣，不是嗎？」

只要注意看，你就會發現外在的世界根本不是重點，重點是你怎麼去看這個世界。

這世界並沒有什麼不對的，我這麼說許多人可能不會同意，那是因為人們總是習慣用負面的想法看事情，所以每一件東西都變成錯的。這點必須注意，我並不是說這個世界沒有任何錯誤，而是說當你帶著錯的想法就只能夠看到錯的東西。

所以，如果你的世界是一團糟，那是因為你這個人、你的想法也是一團糟，就是這樣！

# 我們就是那堆爛泥

事情其實很單純，複雜的是我們自己。
不管你拿多少乾淨的水，
倒到爛泥中，最後還是一堆爛泥。

有輛火車在一個大牧場旁邊疾馳而過，一位乘客一直注視著大群的牛，等到火車經過大牧場之後，這位乘客便對鄰座的先生說：

「這群牛實在夠多了，一共有一萬一千四百隻。」

鄰座的先生吃驚地說：

「你是怎麼算出來的？」

「喔！」我是有祕訣的。這位乘客吞了一口口水說：「先算牠的腳，然後再除以四。」

問題原來很單純，但人卻很複雜，所以只是單純的問題，人們也可以把它搞得很複雜。

＊　＊　＊

有兩個朋友在路上相遇。

「山姆，究竟什麼事使你這麼愁眉不展？」

「問題就出在我的婚姻，因為我實在不知道應該怎樣扮演好我的角色？」

「怎麼回事呢？」

「我娶了一位寡婦，她有個女兒，自然我成了她女兒名正言順的繼父。」

「沒錯！」

「可是，我父親竟然愛上了我的繼女，並且兩個馬上就要結婚，這樣一來，我的父親豈不是變成我的女婿？」

「不錯，確實是這樣。」

「那麼，從另一角度看，我的繼女我理當叫她繼母；她母親，我不是該喊她外祖母？而偏偏我又娶了她，所以我不就變成了我自己的外祖父。請問，以後我該如何扮演這種多重身分的角色，這怎能叫我不發愁呢？」

感情原本很單純，但人卻很複雜，所以只是單純的感情，人們也可以把它搞得很複雜。

＊　＊　＊

「先生，你不是說最討厭養狗嗎？怎麼最近看見你們家門口蹲著一條狗呢？」

「你不知道，這得怪我太太，上個月底超級市場大減價，她買回了一大堆狗食罐頭，如果不養條狗，難道叫我們自己把那些罐頭吃掉？」

生活原本很單純，但人卻很複雜，所以只是單純的生活，人們也可以把它搞得很複雜。

＊　＊　＊

有一個年輕猶太人和一名老猶太人坐在同一列車上。年輕猶太人問老猶太人說：「先生，請問現在幾點了？」老猶太人卻默不作聲。

「對不起！先生，請問現在幾點了？」老猶太人還是不答。

「先生打擾您了！但是我真的是想要知道現在是幾點鐘。你為什麼不回答我？」

老猶太人回答道：「孩子，下一站就是最後一站了。而我一點都不認識你這個陌生人。如果我現在回答你，依照猶太人的傳統，我就必須邀請你到我家去。你長得很英俊，而我有一個漂亮的女兒。你們倆一定會愛上對方，然後你就會把我的女兒娶走。你告訴我，我為什麼會要一個連手錶都買不起的女婿呢？」

想法原本很單純，但人卻很複雜，所以只是單純的想法，人們也可以把它搞得很複雜。

＊　＊　＊

有位老師為了勸人多做善事，於是鼓勵大家，「做好事，然後把它丟到河裡。」

他的意思是：「多做好事，然後忘掉它——施恩不求回報。」

隔天有位仁兄馬上身體力行，他幫助一個年老的婦人走過馬路，隨後就將她推進河裡。

「做好事，然後將它丟到河裡。」他說，這是老師教我的。

話語原本很單純，但人卻很複雜，所以只是單純的話語，人們也可以把它搞得很複雜。

## 為什麼事情總是一團糟

雨水落下時，原本是純淨的，但當它掉落在地面上，往往變得泥濘不堪。

單純的一句話，一個意思，如果遇到不同的人，常會有不同的認知和解讀，結果往往也會變得「泥濘不堪」。

話語原本是無心的，但有心的人，卻把它混淆了；

想法原本是單純的，但多心的人，卻把它想歪了；

生活原本是簡單的，但麻煩的人，卻把它弄亂了；

問題原本是容易的，但複雜的人，卻把它搞雜了。

情況就是這樣：不管你拿多少乾淨的水，倒到爛泥中，最後還是一堆爛泥。

事情原本都很單純，複雜的是我們自己，我們就是那堆爛泥，這即是為什麼事情總是一團糟。

請沿虛線剪下裝訂寄回，謝謝！

# 【生活勵志系列】讀者回函卡

**爲提升服務品質，煩請您塡寫下列資料：**

1.您購買的書名：為什麼事情總是一團糟

2.您的姓名：______ 您的年齡：____ 歲 您的性別：□男 □女

3.您的E-mail：______

4.您的地址：______

5.您的學歷：
□國中及以下 □高中 □專科學院 □大學 □研究所及以上

6.您的職業：
□製造業 □銷售業 □金融業 □資訊業 □學生 □大眾傳播
□自由業 □服務業 □軍警 □公務員 □教職 □其他

7.您從何得知本書消息：
□書店 □報紙廣告 □雜誌廣告 □廣告DM □廣播
□電視 □親友、老師推薦 □其他

8.您對本書的評價：（請塡代號1.非常滿意2.滿意3.偏低4.再改進）
書名 ____ 封面設計 ____ 版面編排 ____ 內容 ____ 文／譯筆 ____
價格 ____

9.讀完本書後您覺得：
□很有收穫 □有收穫 □收穫不多 □沒收穫

10.您會推薦本書給朋友嗎？
□會 □不會，為什麼 ______

11.你對編者的建議？

______

請沿虛線剪下裝訂寄回，謝謝！

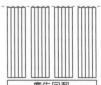

| 廣告回郵 |
| --- |
| 北區郵政管理局登記證<br>北台字12548號 |
| 免貼郵票 |

# 高寶國際有限公司


地址：台北市114內湖區新明路174巷15號10樓
電話：（02）2791-1197
網址：www.sitak.com.tw

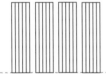


書名：為什麼事情總是一團糟

高寶國際集團

品質保證